10 Lições sobre
TOMÁS DE AQUINO

Dados Internacionais de Catalogação na Publicação (CIP)
(Câmara Brasileira do Livro, SP, Brasil)

Silveira, Carlos Frederico Calvet da
  10 lições sobre Tomás de Aquino / Carlos Frederico
Calvet da Silveira. – Petrópolis, RJ : Vozes, 2025. –
(Coleção 10 Lições)

  ISBN 978-85-326-7078-6

  1. Tomás de Aquino, Santo, 1225?-1274 – Crítica
e interpretação 2. Filosofia medieval 3. Silveira, Carlos
Frederico Calvet da I. Título. II. Série.

24-232284   CDD-189.4

Índices para catálogo sistemático:
1. Tomismo : Filosofia medieval 189.4

Eliete Marques da Silva – Bibliotecária – CRB-8/9380

Carlos Frederico Calvet da Silveira

10 Lições sobre
TOMÁS DE AQUINO

EDITORA VOZES

Petrópolis

© 2025, Editora Vozes Ltda.
Rua Frei Luís, 100
25689-900 Petrópolis, RJ
www.vozes.com.br
Brasil

Todos os direitos reservados. Nenhuma parte desta obra poderá ser reproduzida ou transmitida por qualquer forma e/ou quaisquer meios (eletrônico ou mecânico, incluindo fotocópia e gravação) ou arquivada em qualquer sistema ou banco de dados sem permissão escrita da editora.

CONSELHO EDITORIAL

Diretor
Volney J. Berkenbrock

Editores
Aline dos Santos Carneiro
Edrian Josué Pasini
Marilac Loraine Oleniki
Welder Lancieri Marchini

Conselheiros
Elói Dionísio Piva
Francisco Morás
Gilberto Gonçalves Garcia
Ludovico Garmus
Teobaldo Heidemann

Secretário executivo
Leonardo A.R.T. dos Santos

PRODUÇÃO EDITORIAL

Aline L.R. de Barros
Jailson Scota
Marcelo Telles
Mirela de Oliveira
Natália França
Otaviano M. Cunha
Priscilla A.F. Alves
Rafael de Oliveira
Samuel Rezende
Vanessa Luz
Verônica M. Guedes

Editoração: Mylenna Ferreira Mattos
Diagramação: Editora Vozes
Revisão gráfica: Jhary Artiolli
Capa: Editora Vozes
Ilustração de capa: Valdinei Bastos

ISBN 978-85-326-7078-6

Este livro foi composto e impresso pela Editora Vozes Ltda.

Sumário

Abreviaturas, 7

Introdução, 9

Primeira lição – Vida, contexto e obras, 11

Segunda lição – O conhecimento humano, 23

Terceira lição – As ciências, 39

Quarta lição – O ser e o ente, 48

Quinta lição – A pessoa humana, 65

Sexta lição – O agir humano, 73

Sétima lição – As virtudes, 84

Oitava lição – A lei, o direito e a cidade, 93

Nona lição – Deus em si e como princípio
das coisas, 104

Décima lição – Deus como fim: Teologia, 117

Conclusão, 127

Referências, 129

Abreviaturas das obras citadas de Tomás de Aquino e do modo de citá-las

Boe.DT	*Boethium De Trinitate* (Comentário ao Tratado da Trindade de Boécio)
CG	*Summa Contra Gentiles* (Suma contra os Gentios)
C. Th.	*Compendium theologiae* (Compêndio de Teologia)
DeCausis	*Super librum De Causis expositio* (Comentário ao *Liber de Causis*)
DeEnte	*De ente et essentia* (O ente e a essência)
DeMalo	*Quaestiones disputatae de malo* (Questões disputadas sobre o mal)
DePot.	*Quaestiones disputatae de potentia* (Questões disputadas sobre a potência)
DeVer.	*Quaestiones disputatae de veritate* (Questões disputadas sobre a verdade)
DeVirt. q. 1	*Quaestiones disputatae de virtutibus in communi* (Questões disputadas sobre as virtudes)
DeVirt. q. 5	*Quaestiones disputatae de virtutibus cardinalibus* (Questões disputadas sobre as virtudes cardeais)
InDeAn.	*Sentencia libri De anima* (Comentário ao *De anima*)
InDeEbdo.	*Expositio libri Boetii De ebdomadibus* (Exposição ao *De hebdomadibus* de Boécio)

InEthic.	*Sententia libri Ethicorum* (Sentença sobre os livros da Ética)
InMet.	*In duodecim libros Metaphysicorum Aristotelis expositio* (Comentário à Metafísica)
InPolit.	*Sententia libri Politicorum* (Comentário à política)
InPost.	*Expositio libri Posteriorum* (Comentário aos segundos analíticos)
QQ.DeAn.	*Quaestiones disputatae de anima* (Questões disputadas sobre a alma)
S.Th.	*Summae Theologiae* (Suma teológica)
Super Iob	*Expositio super Iob ad litteram* (Comentário a Jó)
SuperSent.	*Commentum in libros Sententiarum magistri Petri Lombardi* (Comentário às sentenças)
a.	artigo
ad	resposta ao argumento
arg.	argumento
c	*corpus*
c.	capítulo
d.	distinção
l.	lição
lib.	livro
p.	proposição
q.	questão
qc.	questiúncula
sc.	*sed contra*

Introdução

Às vésperas do oitavo centenário do nascimento de Tomás de Aquino (1225), escrever estas lições sobre seu pensamento significa oferecer a novos leitores a possibilidade de se aproximarem de suas obras com a atenuação de estranhamentos que a distância entre o autor e este nosso novo milênio possam provocar. No contexto histórico em que Tomás produzia, tanto a Filosofia quanto a fé gozavam de extrema autoridade. A fé monoteísta, de modo especial a cristã, dominava o panorama cultural, político e social do Ocidente medieval. Hoje, a situação é, em muitos aspectos, oposta, pois, parafraseando o filósofo católico contemporâneo Charles M. Taylor (2010, p. 633), o que era impensável na época de Tomás, isto é, o não-crer, tornou-se hoje atitude natural, sendo realmente esperado que cada pessoa encontre argumentos para justificar sua fé.

Contudo, no ambiente acadêmico e universitário de seu tempo, Tomás visou à justificação da fé pela razão. E isso por meio do pensamento filosófico e teológico. Por essa razão, sua Filosofia está intrinsecamente conectada à sua Teologia. Tomás reconhece explicitamente a autonomia da primeira, contudo defende que, "além das disciplinas filosóficas, que são pesquisadas pela razão, era necessária uma doutrina sagrada, tida por revelação" (*S. Th.* I , q. 1, a. 1, c). A Teologia assume, assim, o estatuto de ciência, embora continue ainda a ser igualmente, conforme a tradição cristã, sabedoria revelada.

Estas duas condições, a saber, a da ausência hoje do ambiente de fé em que Tomás viveu e a autonomia garantida à Filosofia por Tomás, favorecem o estudo da filosofia tomasiana separado do estudo de sua teologia. Mais: a filosofia de Tomás parece mais estimada nos ambientes acadêmicos do que sua teologia. Longe de entrar na discussão dessa interessante questão, o importante aqui é ter presente que Tomás é filósofo e teólogo. A maior parte das lições aqui compreendidas pertencem efetivamente à Filosofia. Somente a última lição versa propriamente sobre a teologia tomasiana. No entanto, para o bom leitor e observador, as lições de Filosofia culminam na última, de natureza teológica, a qual se ilumina pelo percurso das nove anteriores. Se se deve separar totalmente a Teologia da Filosofia, fica ao leitor o prazer de decidir.

Uma palavra de agradecimento ao Prof. Dr. Thiago Leite Cabrera, do Departamento de Educação da Pontifícia Universidade Católica do Rio de Janeiro (PUC-Rio), pelas valiosas sugestões e correções para a conclusão deste trabalho.

Primeira lição

Vida, contexto e obras

Dentre as inúmeras biografias reservadas a Tomás, destacam-se inicialmente as três primeiras, compostas a partir do início do século XIV, após cinquenta anos de sua morte. Seus autores foram Guilherme de Tocco, com a primeira, conhecida como *Ystoria*; Pedro Calò, com a biografia seguinte, espécie de compilação da primeira; e a terceira, do famoso Bernardo Gui. Esses três biógrafos pertenciam à ordem religiosa de Tomás, a Ordem dos Pregadores, fundada em 1216, cujos membros são chamados de dominicanos.

No século XX, recorreu-se a essas fontes para a reconstituição da vida de Tomás e surgiram, então, novas e interessantes biografias, umas devocionais, outras mais acadêmicas. Dentre as primeiras, destacam-se a biografia escrita por James Weisheipl, *Friar Thomas d'Aquino*; outra, por Jacques Maritain, cujo famoso título é *O Doutor Angélico*; e a do apologeta inglês, Chesterton, *Tomás de Aquino*.

As biografias mais recentes procuram aliar a vida com as obras de Tomás, constituindo-se propriamente em biobibliografias, como as de Jean-Pierre Torrell, *Iniciação a Santo Tomás de Aquino* (2004), e de Pasquale Porro, *Tomás de Aquino, um perfil histórico-filosófico* (2014), já publicadas em português. Com base nessas fontes, apresentam-se aqui os momentos mais marcantes da vida de Tomás, especialmente aqueles que têm relação com sua produção literária.

Tomás nasceu em Roccasecca em 1224, um dos muitos filhos dos senhores de Aquino. Seus pais chamavam-se Landolfo e Teodora, os quais, além de Tomás, foram genitores de outros oito filhos, cinco mulheres e quatro homens no total. Ademais, é possível que tivesse outros três meios-irmãos, do hipotético casamento anterior de seu pai Landolfo.

Situado no Reino das Duas Sicílias, reino comandado por Frederico II, também imperador do Sacro Império Romano, o senhorio de Aquino fazia fronteira com os Estados Pontifícios, de sorte que esses dois centros de poder atingiam diretamente os Aquino. Assim, alguns de seus irmãos, os mais velhos, pertenceram ao Exército de Frederico II, enquanto os menores, dentre eles Tomás, dedicaram-se à Igreja.

A relação entre Frederico II e o Papado alternou entre harmonia e discórdia. Frederico, chamado de *Stupor Mundi*, espanto do mundo, por seus inúmeros talentos intelectuais e políticos, soube aliar-se ao Papa Honório III e, depois, a seu sucessor, Gregório IX, para aumentar seu poder. De certa forma, essa era também a intenção do papado, que acordou com Frederico uma cruzada, a qual, não chegando totalmente a seu termo, beneficiou apenas o Imperador. Em razão disso, em 1227, Frederico foi excomungado por Gregório IX. Frederico foi reabilitado pelo mesmo pontífice em 1230, e novamente excomungado por Inocêncio IV, em 1239. Frederico morreu em 1250, quando Tomás já frequentava as lições de Alberto Magno em Colônia, Alemanha.

De sua infância, algumas informações importantes. Conforme o primeiro biógrafo – Tocco –, Tomás transcorreu sua infância no Mosteiro de Montecassino, onde ingressara aos seis anos, permanecendo aí até os catorze, em 1239, ano em que se transfere para Nápoles, onde frequenta o *Studium Generale*, criado por Frederico II, célula da Universidade de Nápoles.

Nápoles, cidade em grande efervescência no século XIII, vivencia muitos daqueles elementos do contexto de que fala Chenu (1984), que formaram a atitude intelectual de Tomás: o surgimento das universidades, que se vão instalar em toda a Europa e, em Nápoles, graças a Frederico II; a descoberta do pensamento aristotélico por meio da cultura árabe que conquistara parte do sul da Europa; o evangelismo, movimento eclesial que propugnava a volta aos valores evangélicos; o surgimento das ordens mendicantes, e é justamente numa delas, a Ordem dos Pregadores, que Tomás conhece nessa cidade e à qual se consagra.

A passagem de Tomás por Nápoles foi, portanto, determinante para a sua definição intelectual e religiosa. Quanto à formação intelectual, é determinante o primeiro contato com o pensamento de Aristóteles, que se difundia por meio da tradução de suas obras, e os conhecimentos científicos que advinham da cultura árabe. É a figura de Miguel Escoto, trazido provavelmente da Escola de Toledo para o Reino das Duas Sicílias, que implementa esse projeto humanístico de Frederico II. Jean-Pierre Torrell (2004) confirma isso ao comentar sobre a figura de Miguel Escoto[1]: "Foi em parte graças a suas traduções e

---

1. Miguel Escoto, ca. 1176, Escócia – ca. 1236, Escócia. Michaelus Scotus foi sacerdote, originário da Escócia, fez estudos em Toledo e tornou-se um dos mais importantes tradutores do árabe e do grego do século XIII. Depois de Toledo, transferiu-se para Bolonha e, finalmente, para a corte de Frederico II, permanecendo provavelmente em Palermo. Traduziu para o latim os grandes comentários de Averróis a Aristóteles, entre outras obras do Comentador. De Aristóteles mesmo, traduziu a *Física*, a *Metafísica* e o *Tratado do Céu* (Patar, 2000, p. 616), fundamentais para a formação de Tomás. Mas também foi filósofo e escreveu tratados de astronomia e alquimia.

por sua escola do árabe e do grego que a Sicília e a Itália do Sul conheceram, na época, intensa vida cultural" (1999, p. 7). Tocco informa ainda que, em Nápoles, Tomás "será educado pelo Mestre Martino em estudos gramaticais e lógicos, e pelo Mestre Pedro de Irlanda em estudos naturais" (Prümmer, 1912, p. 70).

A identidade de Pedro é mais conhecida do que a de Martino, pois daquele conhecem-se três obras: o *Tratado sobre a longevidade e a brevidade da vida*; o *Comentário sobre o Peri Hermeneias*; e o *Comentário às Sentenças de Pedro Lombardo*.

No tocante à vida religiosa, Tomás conheceu a Ordem dos Pregadores também em Nápoles, onde já existia um convento da Ordem com dois religiosos: João de São Justino e Tomás de Lentini, o qual lhe concedeu o hábito religioso, conforme relata Bernardo Gui em sua biografia. A atração que a ordem mendicante exerceu sobre o jovem Tomás liga-se ao já citado movimento evangelista, que animava a Igreja desde o século XII. Ao incentivarem os valores evangélicos, especialmente a pobreza, as ordens mendicantes exigiam uma renúncia que parecia distante do espírito de uma época envolvida em interesses de poder e riqueza de que as classes privilegiadas gozavam. Em parte, essa é a situação da família de Tomás, a qual, embora não estivesse no topo da aristocracia, mantinha interesses, seja em relação à Igreja, seja em relação ao Império. Ao que parece, a decisão de Tomás entrava em conflito com os interesses da própria família, que possivelmente almejava outra posição religiosa para o filho, de modo a sofrer imediatamente a oposição da mãe e dos irmãos.

Decorria o ano de 1244 e Tomás deixava Nápoles dirigindo-se a Bolonha no séquito de João de Wildeshausen, o Teutônico, mestre geral da Ordem. Ao saber dessa partida, sua mãe, Teodora, pediu a intercessão de seus filhos, que lutavam junto a Frederico II em regiões próximas onde passaria o séquito, para interceptar o jovem Tomás em sua viagem e levá-lo de volta a casa. Isso, de fato, sucedeu e Tomás foi retirado do grupo dos dominicanos, que se encontrava naquele momento em Acquapendente, perto de Orvieto. A família reteve-o no castelo familiar de Montesangiovanni, em Roccasecca, e só permitiu que ele voltasse àquela ordem religiosa depois de cerca de um ano de tentativas infrutíferas de dissuasão de seu intento.

No noviciado dos dominicanos, em Bolonha, a capacidade intelectual de Tomás logo ficou manifesta e, provavelmente por isso, foi transferido, ao término do período do noviciado, para Paris e, em seguida, em 1248, para a Colônia, onde, no recém-fundado *Studium Generale*, conheceu Alberto Magno, santo e doutor da Igreja, mestre definitivo do Doutor Angélico.

Efetivamente, foi em Colônia que Tomás consolidou sua formação superior, iniciada dez anos antes na Universidade de Nápoles. Mas é preciso voltar a Nápoles, antes de discutir sua presença em Colônia. A passagem de Tomás por Nápoles foi determinante para a sua definição religiosa e intelectual. Nesse aspecto, a grande transformação que se operará na mente do jovem universitário será o contato com o pensamento de Aristóteles, que começa a se difundir também no Reino de Nápoles.

Terminados os estudos em Colônia, Tomás foi enviado para Paris, em 1252, onde exerceu a função de bacharel sentenciário, que lhe atribuía a tarefa de comentar o livro das *Sentenças* de Pedro Lombardo, que se tornara o manual obrigatório de teologia. Esse período alonga-se até 1256 e, provavelmente, essa foi a época em que ele escreveu o seu opúsculo mais conhecido, *O ente e a essência*.

De 1256 a 1259, Tomás exerce a função de mestre regente na Universidade de Paris, a partir da *licentia docendi* que lhe fora concedida, após completar seus estudos, no início de 1256.

Iniciou seu magistério com a aula inaugural, tarefa obrigatória para os novos mestres conhecida como *principium*, que versou sobre o Salmo 103 e é intitulada *De tuas altas moradas irrigas os montes*. Nessa inauguração de seu magistério, seguindo as palavras do salmo, "De tuas altas moradas, irrigas os montes", Tomás compara o doutor, o mestre, em Teologia a uma montanha, primeira a receber a água que promana do céu, da fonte, e que a difunde até o sopé por meio de riachos que nela se formam. A montanha é ainda a defesa da cidade. E este é o papel do mestre em Teologia: difundir e defender a fé. E foi o programa espiritual de Tomás.

Esse período fecundo de ensino e de produção literária legou à humanidade obras como as *Questões disputadas sobre a verdade*; as *Questões quodlibéticas* VII-XI; o *Comentário ao De Trinitate de Boécio*; além de alguns opúsculos. Depois desses dois biênios de ensino em Paris, Tomás volta para Itália, a serviço tanto de sua ordem religiosa como da Corte Pontifícia.

Durante os anos de 1259-1260, de retorno à Itália, reside provavelmente em Nápoles, reorganizando os estudos de sua ordem religiosa, conforme fora decidido por esta no capítulo geral de Valenciennes. Em 1261, já se encontra em Orvieto, como leitor do convento de sua ordem. Orvieto abrigava também a Corte Pontifícia, com quem Tomás colaborou como consultor, sobretudo sob o papa Urbano IV. Muitas de suas obras são iniciadas ou completadas neste período, que se estende até 1265, dentre elas, é importante citar: *Comentário a Jó; Catena aurea (Mateus)*; *Exposição sobre a primeira e a segunda decretal*; *Sobre a compra e a venda a crédito*; *Sobre os artigos de fé e os sacramentos*; *Contra os erros dos gregos*; *As razões da fé*.

Transcorria o ano de 1269 quando foi novamente enviado a Paris para novo biênio de docência. Era o período da difusão do averroísmo latino, que invadia também a Universidade de Paris. Considerada pelas autoridades universitárias e eclesiásticas, como Étienne Tempier († 1279), uma tendência desviada da filosofia cristã, Santo Tomás retornou àquela universidade, certamente com a missão de fazer oposição a essa corrente filosófica de origem árabe.

Regressa novamente à Itália, em 1272, para realizar seu magistério na Universidade de Nápoles. No ano seguinte, manifestando certo mal-estar, talvez devido a uma queda, retira-se para o castelo de Sanseverino, onde teria vivido uma famosa experiência mística, decidindo-se por interromper suas obras. A *Suma teológica* seria um testemunho de tal circunstância por permanecer incompleta.

Convidado por Gregório X para participar como perito do importante Concílio de Lyon II, já doente, põe-se a caminho da cidade francesa. Ainda na Itália, por volta de janeiro de 1274, seu estado agrava-se, vindo a morrer em março do mesmo ano no Mosteiro de Fossanova.

As datas relativas ao momento das composições das obras de Tomás estão disponíveis em catálogos que remontam ao século XIV, oriundas ou dos próprios biógrafos, ou de outros autores. Contudo, com o estudo dos manuscritos disponíveis em inúmeras bibliotecas europeias, pôde-se, a partir sobretudo do século XX, proceder a uma nova datação. Os estudiosos que se dedicaram a situar a data da composição das obras de Tomás no século XX foram, principalmente: Pierre Mandonnet, Martin Grabmann, René-Antoine Gauthier, entre outros. O saldo dessas pesquisas está compendiado na obra de Pasquale Porro (2014), o qual seguimos aqui. A importância de se conhecer a data e o local em que foram compostas as obras de um autor, especialmente de um autor antigo, reside no fato de que esses dados favorecem o conhecimento da evolução de seu pensamento e do contexto em que foi desenvolvido seu texto. Por conseguinte, uma visão de conjunto dessa datação é útil para o entendimento do pensamento de Tomás.

Quadro cronológico das obras[2]

1252-1255, Paris: *Comentário às sentenças*; *O ente e a essência*; *Os princípios da natureza*.

1256: *De tuas altas moradas, irrigas os montes*; *Contra os adversários do culto de Deus e da religião*.

1257: *Questões disputadas sobre a verdade*; *Questões quodlibéticas VII-XI*; *Comentário ao Tratado da Trindade de Boécio*.

1259, Itália: *Suma contra os Gentios* (retomada em 1264-1265).

1261-1265, Orvieto: *Comentário a Jó; Catena Aurea (Mateus)*; *Exposição sobre a primeira e a segunda Decretal*; *Sobre a compra e a venda a crédito*; *Sobre os artigos de fé e os sacramentos*; *Contra os erros dos gregos*; *As razões da fé*.

1265-1268, Roma: *Suma teológica* (I parte); *Catena Aurea* (Marcos, Lucas e João); *Comentário às cartas de São Paulo*; *Comentário aos nomes divinos de Dionísio*; *Questões disputadas: Sobre a potência*; *Sobre a alma*; *Sobre as criaturas espirituais*; *Resposta ao mestre João de Vercelli sobre 108 artigos*; *Comentário ao De anima de Aristóteles*; *Compêndio de Teologia*; *Sobre o reino*.

---

2. Em negrito, a data e o local de composição. Os títulos das obras de Tomás em português seguem basicamente os títulos como eles aparecem na obra de Pasquale Porro (2014).

1268-1272, **Paris**: *A perfeição da vida espiritual*; *Contra a doutrina dos que dissuadem de entrar na vida religiosa*; *Suma teológica* (II parte); *Comentário ao Evangelho de João*; *Comentário ao Evangelho de Mateus*; *Questões disputadas: Sobre o mal*; *Sobre as virtudes*; *Sobre a união do Verbo encarnado*; *Questões quodlibéticas* I-VI e XII; *Comentário à ética a Nicômaco*; *Comentário ao de sensu*; *Comentário sobre a Física*; *Comentário sobre os meteoros*; *Comentário ao de interpretatione*; *Comentário aos Segundos Analíticos*; *Comentário à Política*; *Comentário à Metafísica; Comentário ao Liber de Causis*; *Exposição ao De hebdomadibus de Boécio*; *Sobre a forma da absolvição*; *Resposta ao leitor Vêneto*; *Resposta ao Mestre da Ordem*; *Sobre o segredo*; *Carta à Condessa de Flandres*; *Sobre as operações ocultas da natureza*; *Sobre a consulta dos astros*; *Sobre as sortes*; *Sobre a composição dos elementos*; *Sobre a unidade do intelecto*; *Sobre a eternidade do mundo*; *Sobre as substâncias separadas*.

1272-1273, **Nápoles**: *Exposição sobre os Salmos*; *Suma teológica* (III parte); *Sobre o movimento do coração*; *Comentário ao De caelo et mundo*; *Comentário ao De generatione et corruptione*.

Segunda lição

O conhecimento humano

O conhecimento no homem tem início nos sentidos. A percepção sensível é, pois, a base de qualquer conhecimento que o indivíduo possa adquirir posteriormente por seu próprio esforço, conquanto esse esforço nada mais é do que a atualização das faculdades cognitivas humanas. Por isso, a imagem do intelecto humano como *tabula rasa* é útil para evidenciar o ponto de partida do conhecimento humano, que são os sentidos: "o intelecto humano [...] está em potência em relação aos inteligíveis, e no começo ele é como 'uma tábua rasa em que nada está escrito', segundo diz o Filósofo no livro III *Da alma*" (*S.Th.* I, q. 79, a. 2 c). Em outras palavras, o intelecto humano é mera capacidade (potência) para conhecer coisas inteligíveis, isto é, não tem inicialmente conhecimento intelectual em ato, o que só ocorre quando conhece algo inteligível. E como as sensações geram somente conhecimento de coisas singulares e materiais, e, por outro lado, o conhecimento intelectual humano é universal e imaterial, o intelecto humano precisa de outras faculdades para atualizar seu conhecimento. Em outras palavras, o intelecto humano precisa fazer a passagem da informação sensível, *potencialmente* inteligível, à informação em ato inteligível.

Antes de proceder ao estudo do processo do conhecimento humano segundo o pensamento tomasiano, é indispensável o entendimento claro das faculdades humanas e de suas funções gnosiológicas. Em vista disso, esta lição inicia-se com o estudo das faculdades humanas para, em seguida, passar ao estudo da abstração como ato fundante do conhecimento intelectual e ao estudo do resultado desse processo, que são os conceitos universais.

As faculdades ou potências humanas são um dos aspectos mais desenvolvidos do pensamento aristotélico relativo ao conhecimento do ser humano. São elas igualmente que fornecem as bases psicológicas[3] para a nova teoria do conhecimento desenvolvida por Aristóteles, a teo-

---

3. O adjetivo caracteriza a concepção clássica de Psicologia, isto é, o estudo da alma humana e suas faculdades.

ria da abstração. Tomás, por sua vez, fundará sua gnosiologia na abundante reflexão de Aristóteles sobre as faculdades humanas, inclusive na forma de comentário ao seu *Tratado da alma* (*De anima*).

Tratar de faculdade da alma (*facultas animae*) é tratar de potências, isto é, capacidades receptivas humanas, que não se referem somente ao conhecimento, mas também a outras potências humanas, como os apetites e a faculdade motora, e formam um total de dezoito faculdades. Tomás organiza essas faculdades em cinco gêneros: as faculdades vegetativas; as faculdades sensíveis; as faculdades intelectuais; as faculdades apetitivas; e a faculdade motora.

As faculdades vegetativas, que pertencem a todo vivente corpóreo, assim como a faculdade motora, comum aos animais, não interessam ao processo de conhecimento que é objeto desta lição. Por outro lado, as faculdades apetitivas, que são três, embora não estejam diretamente ligadas ao conhecimento humano, são importantes sobretudo para o estudo da ética tomasiana, de modo especial, ao estudo das virtudes, a ser desenvolvido na lição 7. Mas para que se tenha a visão completa dessas faculdades, ei-las de modo esquemático.

I. faculdades vegetativas	II. faculdades sensíveis		III. faculdades intelectuais	IV. faculdades apetitivas	V. faculdade motora
	sentidos externos	*sentidos internos*			
1. nutrição	4. visão	9. senso comum	13. intelecto agente	18. vontade	
2. crescimento	5. tato	10. imaginação	14. intelecto possível		
3. reprodução	6. olfato	11. memória		15. concupiscível / 16. irascível	17. potência motora
	7. audição	12. cogitativa			
	8. paladar				

Para fins gnosiológicos, levem-se em conta somente as faculdades que estão no centro do quadro e vão dos números 4 ao 14, referentes tanto ao conhecimento sensível quanto ao intelectual. O conhecimento humano começa pelos sentidos externos e atinge assim os sentidos internos: ao se perceber alguma coisa pela visão, por exemplo, essa percepção é organizada pelo sentido comum e forma-se uma reprodução sensível dessa sensação, a imagem, que reside na imaginação; essa imagem, arquivada e relacionada ao tempo da percepção, constitui a memória, justamente porque memória é lembrança que evoca uma imagem referente ao tempo passado. A cogitativa é uma faculdade muito especial em Aristóteles e, sobretudo, em Tomás, e ocupa-se em preservar a relação entre a percepção individual e o processo que se dá a seguir da abstração pelo intelecto sensível. Sua relevância maior reside, pois, na passagem do conhecimento sensível ao intelectual e no retorno do conceito abstrato às coisas conhecidas na sua singularidade:

> Deve-se dizer que a alma unida ao corpo conhece o singular pelo intelecto, não diretamente, mas mediante certa reflexão, na medida em que, pelo fato de que apreende seu inteligível, volta-se à consideração de seu próprio ato, à de espécie inteligível

> que é princípio de sua operação, e à
> da origem desta mesma espécie. Des-
> te modo, alcança a consideração dos
> fantasmas e dos singulares que lhes
> correspondem. Mas esta reflexão
> só se pode dar mediante o concurso
> das virtudes cogitativa e imaginativa
> (*QQ. DeAn.*, q. 20, ad 1).

Essa passagem ilustra o que se disse até aqui sobre a cogitativa e ressalta seu papel no retorno às imagens e, por meio destas, ao objeto singular, do mundo sensível, que só está no intelecto sob a forma universal. Essa universalidade do conceito, que é imaterialidade, é o modo pelo qual o objeto está no indivíduo cognoscente, isto é, despojado de sua materialidade. Portanto, voltar ao singular, que é o que existe objetivamente, é fundamental para o conhecimento.

Dando continuidade ao processo do conhecimento humano, deve-se salientar que o intelecto possível, depois de formar o conceito por abstração, exerce ainda dois outros atos próprios da inteligência humana: o juízo, pelo qual o intelecto une ou separa conceitos abstraídos no ato anterior, isto é, na apreensão; e o raciocínio, pelo qual o intelecto, a partir dos juízos formados, isto é, de proposições, atinge novos conhecimentos. De modo esquemático, pode-se apresentar assim este processo intelectual:

1. Simples apreensão, ato que resulta da abstração	Conceito, aquilo que o intelecto capta e pelo que atinge a coisa	**Exemplo** cavalo, quadrúpede, bípede.
2. Juízo, ato de unir ou separar conceitos	Proposição, enunciado que indica o verdadeiro ou o falso	**Exemplo** Todo cavalo é quadrúpede; ou nenhum cavalo é bípede.
3. Raciocínio, ato de conhecer a partir de coisas conhecidas	Argumentação (dedutiva, que é o mesmo que silogismo, ou indutiva)	**Exemplo de silogismo** Todo cavalo é quadrúpede. Ora, nenhum bípede é quadrúpede. Logo, nenhum bípede é cavalo.

Sobre o elemento da imaterialidade de conhecimento, importa aludir aqui à polêmica histórica a respeito da incorruptibilidade do intelecto no *De anima* de Aristóteles. No capítulo 5 do terceiro livro, Aristóteles parece insinuar que o intelecto possível perece com o fim do indivíduo que conhece, enquanto o intelecto agente é imortal e eterno: "Somente isto quando separado é propriamente o que é, somente isto é imortal e eterno (mas não nos lembramos porque isto é impassível, ao passo que o intelecto passível de ser afetado é perecível), e sem isto nada se pensa" (Aristóteles, 2017, 430a 25). Contrariamente ao que disseram os pensadores que o precederam, sobretudo Averróis, Tomás defende que é um equívoco pensar que Aristóteles esteja a se referir, nessa passagem, ao intelecto passivo. Lendo atentamente o texto, Tomás verifica que Aristóteles admite que é perecível a faculdade donde as imagens procedem para a abstração do intelecto agente, isto é, a imaginação. O argumento de Tomás baseia-se no fato de que Aristóteles está explicitando o papel das faculdades no processo de abstração e que dá início a sua explicação tratando da imaginação e termina referindo-se a ela.

Chegamos, enfim, à teoria da abstração, que ocupa, em Aristóteles, o papel da teoria platônica da reminiscência, em Platão. A noção de abstração passou por uma lenta recuperação que remonta a autores de origem até mesmo neoplatônica, como Porfírio. No âmbito cristão antigo, foi Boécio a transmitir alguns dos elementos fundamentais da abstração aristotélica. Com a escolástica e a entrada de Aristóteles no Ocidente, vê-se, a partir do século XII, uma importante guinada em favor do aristotelismo, inicialmente na área da Lógica, da dialética e do conhecimento humano em geral. Dentre muitos nomes a colaborar nesse processo de retomada da gnosiologia aristotélica, pode-se citar Pedro Abelardo. Contudo, esse grande filósofo, o maior de seu século, não teve acesso às obras aristotélicas que podiam lançar luz sobre a teoria da abstração. Trata-se justamente daquelas obras pertencentes ao grupo das obras de 'psicologia' aristotélica, ou seja, aquelas que versam sobre alma e suas faculdades, que foram fundamentais a Tomás para a compreensão e o desenvolvimento da teoria aristotélica da abstração, que se tornou o ponto de partida de sua própria teoria do conhecimento.

Nas *Questões disputadas sobre a alma*, Tomás resume sua concepção do processo abstrativo do conhecimento humano, levando em conta as faculdades anteriormente mencionadas. Vale a pena seguir o fio de seu raciocínio:

> É necessário, pois, que resida em nossa alma uma potencialidade com respeito aos fantasmas [imagens] enquanto são representativos das coisas concretas; e isto pertence ao intelecto possível, que de si está em potência para todos os inteligíveis, mas é determinado para este ou aquele inteligível pela espécie abstraída dos fantasmas. Ademais, também é necessário que haja na alma uma potência ativa imaterial que abstraia os fantasmas de suas condições materiais, o que cabe ao intelecto agente; de maneira que este é como uma virtude participada de uma substância superior, a saber: Deus (*QQ. DeAn.*, q. 5 c).

O processo de abstração supõe, por conseguinte, o conhecimento sensível externo, isto é, a impressão de formas sensíveis nos sentidos externos, a saber, visão, tato, olfato, audição e paladar. O conhecimento sensível nesse primeiro nível é inteiramente receptivo, passivo, pois consiste na impressão do objeto sensível externo nas faculdades correspondentes.

As sensações externas são organizadas pelos sentidos internos. Inicialmente, pelo sentido comum, o qual é responsável por unificar as sensações dos cinco sentidos. Em seguida, essas informações são assimiladas como imagens, na passagem acima chamadas de fantasmas, consoante a nomenclatura de origem grega, na imaginação (ou fantasia). A faculdade da imaginação é, pois, a formadora das imagens (fantasmas) que correspondem às singularidades percebidas pelos sentidos externos; nesse sentido, as imagens são tão individuais quanto as sensações, de modo que se podem ter múltiplas imagens de uma mesma coisa. Essas imagens podem ser, e o são frequentemente, armazenadas na memória e esta registra uma relação com o tempo dessa experiência, por isso a memória é uma imagem relativa ao passado.

Finalmente, a cogitativa, faculdade à qual Tomás dedica especial atenção a partir das breves considerações de Aristóteles, assume função estrutural para a relação que se estabelecerá em seguida entre o conhecimento sensível, a coisa percebida pelos sentidos, e o conceito que se forma pela abstração. Dessa forma, a cogitativa terá também a função de fazer o conceito, que é universal e abstrato, conectar-se novamente com a imagem formada a partir da sensação e, daí, permitir o retorno ao objeto sensível individual.

Dado o processo de abstração, encaminha-se para Tomás sua solução ao problema do valor epistemológico dos conceitos, pois estes são por natureza universais, ao contrário das coisas naturais, dos artefatos e dos entes espirituais, que são individuais. Contudo, pode-se fazer uma distinção: embora todo conceito seja universal, há conceitos que o são em sentido estrito, ou seja, só se encontram na mente, e outros que representam coisas como elas se apresentam na realidade. Estas são as dez categorias (ou predicamentos) dos entes, ou seja, substância e nove acidentes. Aqueles são os que propriamente geraram a famosa querela dos universais do século XII. Trata-se dos cinco predicáveis: gênero, diferença específica, espécie, próprio e acidente predicamental.

É importante ter presente a definição desses conceitos. O gênero é o conceito universal que se atribui a seus conceitos inferiores para indicar indeterminadamente a essência deles. Ex.: animal. A diferença específica é o universal atribuível a seus inferiores como sua determinação essencial deles. Ex.: racional. A espécie é o universal que se atribui a seus inferiores para indicar a essência completa deles. Ex.: homem. O próprio é o universal que se atribui a seus inferiores para indicar uma qualificação necessária deles, porém não essencial. Ex.: capaz de rir. Por fim, o acidente predicável é o universal que se atribui a seus inferiores para indicar uma qualificação contingente deles. Ex.: grego.

Ao se retomar o exemplo do conceito de homem, não um homem individual, que é substância e pertence a esta categoria, mas o 'homem' universalmente considerado, tem-se então o exemplo de espécie; ora, a espécie humana está reunida num conceito mais universal ainda, que é o de gênero, no caso, animal; neste gênero, encontram-se outras espécies, as quais se diferenciam justamente pelo que se chama de diferença específica, no caso do exemplo citado, racional. Dessa forma, chega-se à essência do homem, universalmente considerada, isto é, o homem é animal racional (espécie = gênero + diferença). Restam outros dois universais: o próprio e o acidente predicável. Ora, justamente porque não pertencem à essência do ponto de vista lógico, esses conceitos são atribuídos acidentalmente às essências. No caso do exemplo acima: o próprio, acidente necessário à espécie, considerado é a capacidade de rir, que é propriedade humana; como acidente predicável, considere-se a paternidade, que é conceito que se aplica acidentalmente, de modo contingente, a um homem.

No *Ente e a essência*, Tomás explora um exemplo conectando-o com a realidade individual de um ente, no caso Sócrates. Aqui ele relaciona os predicáveis com as categorias:

> Assim fica, portanto, claro que a essência do homem e a essência de Sócrates não diferem senão de acordo com o assinalado e o não assinalado. Daí dizer o Comentador no Comentário sobre o livro sétimo da Metafísica (In Metaph. VII, 5, Com. 20, 20ª 23) que "Sócrates nada mais é que animalidade e racionalidade, que são sua quididade". Assim também a essência do gênero e a essência da espécie diferem de acordo com o assinalado e o não assinalado, embora haja outro modo de designação num e noutro caso. Pois, a designação do indivíduo a respeito da espécie é pela matéria determinada pelas dimensões; a designação, porém, da espécie a respeito do gênero é pela diferença constitutiva, que é tomada da forma da coisa (*DeEnte*, c. II, 18, p. 19).

Por 'assinalado', entende-se o indivíduo corpóreo com as determinações físicas ('matéria determinada pelas dimensões'). 'Assinalado' quer, pois, indicar que se trata de um corpo individualizado, a ponto de ser assinalado, pois, para Tomás, o que determina a individualidade de um ente corpóreo é a quantidade, isto é, a porção matéria que só pertence àquele indivíduo na espécie (*DeEnte*, c. II, 18). Assim, o corpo de Sócrates, o de Platão, o de Parmênides são individuais, embora, do ponto de vista da espécie, eles pertençam à espécie humana, universalmente considerada, porém concretizada num corpo assinalável.

Para que fique bem clara a diferença entre as categorias (também chamadas de predicamentos) e os predicáveis, é importante observar que os predicáveis são o modo pelo qual o intelecto atribui um predicado a um sujeito e só existem no intelecto, enquanto os predicamentos são os entes reais. Por exemplo, 'João é animal'. Claro que 'animal' diz algo da essência de João, mas de modo genérico. Ao contrário, quando digo 'João é homem', atribuo um predicado que indica a essência completa de João, que subsiste, isto é, é um indivíduo real. Ora, aquelas distinções só podem existir no intelecto, não é uma divisão que se encontre na realidade, pois o princípio que faz um ente ser animal, homem e racional é o mesmo, indivisível fora do meu intelecto, a alma humana. A divisão da essência nesses três predicáveis é o modo pelo qual o intelecto humano organiza e relaciona os entes, porém a divisão mesma não é subsistente, como o é, ao contrário, a divisão entre corpo e alma.

Por tudo isso, compreende-se que os predicáveis, enquanto universais, tornaram-se objeto de disputa na Idade Média. Pois caberia a pergunta se essa maneira humana de representar a realidade não acarretaria uma diferença entre a coisa conhecida e o conhecimento. Isso aporta muitos problemas que, de algum modo, chegaram até a Idade Moderna. Por isso que, para Tomás, na esteira de Aristóteles, a verdade é a adequação da inteligência à coisa conhecida, isto é, aquilo que julgo em meu intelecto, corresponde a algo que está fora do intelecto humano, ainda que, no pensamento humano, a representação da coisa seja universal e, fora do pensamento, a coisa seja individual, como no exemplo anterior: a João aplico o conceito universal de homem, mas que, nele, está individualizado.

Por isso, o universal tem características próprias, pois, enquanto está no intelecto, aplica-se a um sem-número de indivíduos, o que é justamente sua extensão. Contudo, no mundo real, o universal não se encontra jamais isolado e por si, ou como parte separável de algo. Ao contrário, o universal está sempre nas coisas individuais e encontra-se determinado, isto é, instanciado por diferenças que o individualizam, começando pela matéria, o corpo, que é causa da diferença numérica entre indivíduos da mesma espécie. O importante, porém, é que, ainda que haja diferença entre o universal e o indivíduo, o conteúdo que o universal expressa está todo presente no indivíduo, somente isento das determinações ulteriores.

Terceira lição

As ciências

O conhecimento intelectual humano não é imediatamente perfeito, seu início é genérico e incompleto, embora possa vir a se completar e especificar pela atualização das faculdades intelectuais:

> Nosso intelecto procede da potência para o ato. Tudo o que procede assim, chega primeiramente ao ato incompleto, intermediário entre a potência e o ato, antes de chegar ao ato perfeito. Esse ato perfeito é a ciência acabada, pela qual se conhecem as coisas de maneira distinta e precisa. O ato incompleto, por sua vez, é uma ciência imperfeita pela qual se conhecem as coisas de maneira indistinta e confusa. Pois o que se conhece dessa forma é conhecido sob certo aspecto em ato, e sob outro, em potência (*S.Th.* I, q. 85, a. 3c).

A 'ciência acabada' é a expressão máxima da atualização do intelecto. Destarte, ciência é outro conceito plurivalente no pensamento tomasiano: em sua origem etimológica, "*scientia*" significa simplesmente conhecimento. Contudo, em razão de sua correspondência ao conceito grego de *episteme*, de que todo o Ocidente medieval é dependente, no contexto tomasiano, ciência significa mais propriamente o conhecimento ordenado que é obra da inteligência e que visa às causas de alguma coisa. Por isso, Tomás recorre a Aristóteles para definir que "ciência é o conhecimento de uma coisa por sua causa própria" (*CG* I, c. 94).

A divisão das ciências pode ser igualmente múltipla, consoante o critério que se adote. E Tomás, efetivamente, oferece variadas possibilidades de classificação do saber humano. De modo geral, o saber humano divide-se em especulativo, prático e produtivo. O especulativo é o conhecimento enquanto buscado por si, o saber que, isto é, saber proposicional; o prático trata do saber agir, que visa um bem; e o produtivo é o saber fazer, que visa um produto externo. Em sentido estrito, ciências seriam justamente os saberes especulativos, os quais dependem de diferentes tipos de abstração: a abstração física, na qual se prescinde dos indivíduos para se apreender uma essência de um ente material; a abstração matemática, na qual se prescinde dos indivíduos e das essências para se apreender apenas as relações quantitativas; e a abstração metafísica, em que se prescinde de qualquer aspecto particular dos entes para se captar o ente enquanto tal. Esses graus permitem dividir as ciências em ordem ascensional em: física; matemática; metafísica.

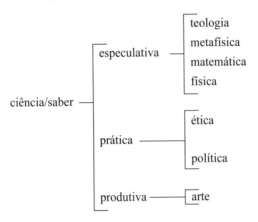

O raciocínio humano é, portanto, mais abrangente do que o raciocínio científico. O que determina essa variedade é a conclusão do argumento. Assim, podem-se admitir três tipos de conclusão: a necessária, que pertence à ciência; a contingente, que pertence à dialética e à retórica; e a falsa, que é o sofisma. Ora, este último tipo de argumentação, embora praticado por muitos, tem somente valor negativo para o conhecimento humano, isto é, para que se aprenda a identificar os erros e descartar esse modo de argumentação. Restam a argumentação demonstrativa, que conclui com proposição necessária; e a argumentação dialética e retórica, que conclui com proposição provável (ou contingente). À ciência no sentido tomasiano e aristotélico só interessa o primeiro tipo de argumentação. Contudo, nesta lição, após a consideração dos métodos referentes à argumentação científica ou demonstrativa, trata-se brevemente da argumentação provável.

Conforme Tomás (2021) nos *Comentários aos segundos analíticos* I, 4, a ciência serve-se do silogismo demonstrativo "por meio do qual adquirimos conhecimento" (p. 53), *per quem acquirimus scienciam* (p. 52)[4], e parte de primeiros princípios (premissas) para proceder em sua demonstração. Esses princípios ou são evidentes, ou são revelados, pois nem tudo se pode demonstrar. De princípios evidentes parte a Metafísica e as ciências em geral; de princípios revelados, a Teologia. Em outras palavras, o que é próprio do conhecimento científico é decorrer

---

4. O tradutor desta edição brasileira optou pelo termo 'conhecimento', conforme a citação anterior, embora Tomás use aqui o termo '*scientia*'. Não há inconveniência nessa escolha, contanto que se entenda aqui, conforme o contexto tanto aristotélico como tomasiano, o conhecimento necessário, que é, portanto, o 'científico', e o tradutor confirma isso na página seguinte ao verter '*ipsum sicre*' por 'conhecimento científico' (p. 54-55).

(dedução) de seus primeiros princípios (as premissas) ou de alguma verdade conhecida pela experiência (indução), a partir dos quais novas verdades se demonstram. Assim, na concepção de Tomás, como os princípios da teologia são revelados e pressupõem a fé, a ciência teológica procede de seus dogmas para atingir novas verdades, rigorosamente demonstradas. Nesse sentido, é ciência demonstrativa.

Portanto, o conhecimento das causas, que é próprio da ciência, pode ser feito por dois caminhos de argumentação: a demonstração *quia* e a demonstração *propter quid*. A primeira procede de um fato, para chegar à sua causa, ou, mais tecnicamente, do efeito à causa; a segunda parte do conhecimento da natureza de alguma coisa para chegar ao que dela provém, ou seja, no sentido oposto ao anterior, parte da causa para o efeito.

Em outras passagens, Tomás insiste na distinção entre *argumentatio* e *demonstratio*:

> Há outra tradução melhor [da Metafísica de Aristóteles] que se encontra assim, *ora, sendo esta a causa de outra, haverá argumentação e não demonstração*, isto é, com tal processo do menos conhecido para o princípio mais conhecido se faz com que algum outro homem negue que isso seja evidente, então poderia haver argumenta-

> ção ou refutação, e não demonstração, a saber, silogismo, que pode ser contradito, como o mesmo que é menos conhecido absolutamente é concedido pelo adversário, pelo que poderia proceder para mostrar o dito princípio quanto ao mesmo, ainda que não absolutamente (*InMet.*, lib. 4, l. 6, n. 15).

Essa distinção é fundamental para a discussão do lugar do conhecimento científico na obra tomasiana. Não há dúvida de que Tomás visa a conceder à teologia o mesmo estatuto científico que a filosofia alcançou com Aristóteles. Argumentar não é necessariamente provar; a prova é uma demonstração. Contudo, no artigo 8 da primeira questão da *Suma*, Tomás explica como a teologia procede aplicando uma analogia com as outras ciências, a saber, que nenhuma ciência prova seus princípios, seu ponto de partida. Parte deles ou porque os recebeu de outra ciência (por exemplo, a perspectiva baseia-se nos princípios da Geometria) ou porque são evidentes (por exemplo, que o todo é maior que as partes). A teologia parte de princípios que exigem a fé e, portanto, não podem ser provados, chamados de dogmas. Uma vez aceites, o que se prova são as consequências desses princípios. Por outro lado, em muitos momentos, argumenta-se simplesmente, para refutar erros:

> As outras ciências não argumentam em vista de demonstrar seus princípios, mas para demonstrar a partir deles outras verdades de seu campo. Assim também a doutrina sagrada não se vale da argumentação para provar seus próprios princípios, as verdades da fé; mas parte deles para manifestar alguma outra verdade (*S.Th.* I, q. 1, a. 1 c).

Como se disse, argumentos podem ser basicamente de três tipos: o demonstrativo, o provável e o sofístico. Excluído este último, pois não é isso a que o conhecimento humano visa, restam a argumentação demonstrativa e a provável. A demonstrativa pertence à ciência em sentido rigoroso; a provável situa-se na área da retórica e da dialética.

Aristóteles inicia sua *Retórica* dizendo que "a retórica é a outra face [ἀντίστροφος, antístrophos] da dialética" (2005, 1354a, 1). Embora a expressão usada por Aristóteles seja parcialmente enigmática, segundo alguns (Alexandre Jr; Alberto; Pena, in: Aristóteles, 2005, p. 89, nota 2), o termo ἀντίστροφος significaria simplesmente que a retórica é *correlativa* à dialética. Que isso pretende dizer? Que não são meros sinônimos e que a retórica acrescenta à dialética um tipo de conhecimento, que versa sobre o verossímil, cujas conclusões são contingentes. A dialética, por sua vez, é uma *via ad scientiam*, pode servir tanto à ciência quanto à retórica.

Ao comentar a parte da lógica aristotélica chamada de 'inventiva', Tomás resume:

> Com efeito, por esse tipo de processo, às vezes, realmente, ainda que não se atinja a ciência, chega-se, contudo à fé ou à opinião, por causa da probabilidade das proposições das quais procede, pois a razão se inclina totalmente a uma das partes da contradição, ainda que com receio em relação à outra parte, e a isso se ordena a Tópica ou a Dialética; com efeito, o silogismo dialético é sobre o que é provável: disso Aristóteles trata no livro dos *Tópicos*. Mas, às vezes, não se chega completamente à fé ou à opinião, e sim apenas a certa suspeita, pois a razão não se inclina totalmente a uma das partes da contradição, ainda que se incline mais a esta do que àquela; e a isso se chama *Retórica* (*InPost.*, 23).

Essa passagem elucida a concepção do argumento de tipo retórico e de sua força frente à razão humana. Tomás declara inicialmente que o argumento provável de que está tratando leva a um tipo de conhecimento, identificado no texto como fé ou opinião. A fé distingue-se da opinião pelo grau de certeza, que é máxima na fé e imperfeita na opinião. Em seguida, admite que esse tipo de argumentação pertence à Tópica e à Dialética, entendendo esta no sentido aristotélico. Quando a probabilidade tende para um lado mais do que para outro, ou seja, quando há um argumento persuasivo, eis então a Retórica.

Essas distinções favorecem a compreensão positiva da Teologia e da Filosofia quando não usam de argumentos demonstrativos. O artigo 3 e o 9, da mesma primeira questão da *Suma* (I, q. 1) mostram que também a Teologia (e a Filosofia) usa de argumentos que são persuasivos e não demonstrativos, por isso quando a Teologia é chamada de sabedoria, e quando usa metáforas, ela se impõe mais pela persuasão, isto é, pela argumentação provável do que pela argumentação demonstrativa. Enfim, como reconhece Tomás, até mesmo ao falar da fé, por argumentos, "o intelecto é induzido a aderir a alguma verdade" (*S.Th.* II-II, q. 4, a. 1 c). Se o argumento vale para a fé, ele vale *a fortiori* para todos os saberes.

Quarta lição

O ser e o ente

O ente é o objeto da mais elevada ciência filosófica, a filosofia primeira, na linguagem aristotélica, e metafísica, na expressão consagrada que Tomás adota como sinônimo de filosofia primeira. O ente se diz de muitas maneiras, τὸ ὂν λέγεται πολλαχῶς, tó ón légetai pollachôs, *ens dicitur multipliciter*, conforme Aristóteles no início do livro VII de sua *Metafísica* (1028 a 1).

A filosofia primeira é o estudo daquilo que faz o ente ser o que é. A definição da filosofia primeira como ciência do ente enquanto ente é uma das quatro definições que Aristóteles apresenta em sua *Metafísica*. Tomás assume-a como a principal e lhe dá uma dimensão ainda mais importante quando, à diferença de Aristóteles, distingue os conceitos de ser e de ente.

Antes, porém, de se aprofundar a temática mais original do pensamento tomasiano em âmbito metafísico, a distinção entre ser e ente, importa iniciar esta lição com os grandes conceitos da metafísica aristotélica assumidos por Tomás. Efetivamente, grande parte dos conceitos e princípios da metafísica tomasiana provém de sua leitura de Aristóteles e de seus comentadores árabes. Primeiramente, os princípios assumidos da tradição aristotélica, estruturantes para a metafísica de Tomás: potência e ato; matéria prima e forma substancial; substância, essência e acidentes.

A grande metafísica ocidental, que tem suas origens em Platão e Aristóteles, tratou de conceber as coisas existentes por meio de princípios que as unificassem para além de suas diferenças. É possível reconhecer já nos filósofos pré-socráticos essa busca de unidade no conhecimento da diversidade das coisas, dos entes. Os melhores exemplos são Parmênides e Heráclito, pois aquele encontrou no ser o princípio de unidade da natureza e este o pôs no lógos, a lei que governa e explica a diversidade das coisas. O mesmo se poderia dizer de outros pré-socráticos. Tomás tem consciência da contribuição desses filósofos que o precederam no tempo, mas também reconhece o progresso que a metafísica realizou com Platão e Aristóteles e, mais, reconhece a própria superação destes. Essa superação está justamente no foco que a filosofia tomasiana põe no ser, para além dos válidos princípios da metafísica grega (*S.Th.* I q. 44, a. 2). Deve-se, entretanto, iniciar pelos princípios clássicos assumidos por Tomás. Essa perspectiva da descoberta do ser como ato foi amplamente estudada por Cornelio Fabro (1997), autor que seguimos nesta lição de metafísica.

Potência e ato são certamente os princípios mais universais da metafísica aristotélica, os quais são pressupostos nos mais variados temas do pensamento tomasiano. Potência é o princípio de mudança que há nas coisas. Efetivamente, as coisas mudam porque não têm aquilo que podem receber. É importante enfatizar aqui o não-ter e o poder-ter, pois só é potencial aquilo que tem capacidade real de alguma coisa. Não se trata de mera negação, pois não-ter pode significar tanto uma coisa como outra, a saber: não-ter, não podendo nunca ter; e não-ter, mas podendo vir a ter. A potência insere-se nesta última condição. Por exemplo, Jorge não sabe grego, mas este não saber não é mera negação, pois ele pode saber grego, tem a potência de aprendê-lo. Distinto é o que ocorre com o gato de Jorge, que não sabe grego, mas também não pode aprendê-lo, isto é, não tem essa potência. Em outras palavras, a potência é capacidade real.

Por outro lado, a realização de uma potência é o que se chama de ato. Ato é realização, é o ser ou estar feito. Por isso, o ato é superior à potência, de modo que o ato sempre precede à potência, embora a impressão inicial pareça dizer o contrário. Por exemplo, se estou em potência para o grego, é claro que só estou em potência porque a língua grega existe e precede à minha capacidade, além disso, eu existo em ato como ser humano.

Potência e ato são, pois, princípios constitutivos dos entes tais como se encontram na experiência, e as coisas realizadas ou em ato são melhores do que as que estão em potência, ao menos consoante determinada ordem de coisas, isto é, a ordem metafísica.

Há pelo menos dois tipos de ato e de potência, que se correspondem. Essa observação ajuda à compreensão desses princípios. Uma ação é chamada de ato segundo, porque supõe um ente já constituído, ato primeiro, que possa agir. Assim, ato primeiro é o ato constitutivo de um ente; ato segundo é sua ação. Correspondem a estes a potência passiva e a potência ativa, esta como capacidade de agir e aquela como capacidade de ser constituída. Exemplo: para que eu possa correr (ato segundo), tenho de ter uma capacidade ativa de correr (potência ativa); ora, essa capacidade está fundada em minha constituição, ou seja, tem de ter uma faculdade que me constitui como animal que corre (ato primeiro); essa faculdade é constante e atualiza a estrutura anímica humana de receber (potência passiva) essa capacidade.

É importante observar que se, por um lado, a potência é princípio fundamental para o aperfeiçoamento dos entes, por outro lado, ela é seu limite. Justamente porque ela não é o ato que ela recebe, ela recebe esse ato de modo limitado. Os entes, portanto, são classificados pelos atos que os constituem. Essa constituição vai além de potência e ato. Os entes podem estar constituídos de atos que os põem em determinada categoria de ente. Daí, as dez categorias aristotélicas assumidas pela metafísica tomasiana. Tudo o que existe, isto é, todo ente, ou é substância ou acidente. Substância é o sujeito, o tipo de ente que subjaz e subsiste aos acidentes, que podem ser de até nove tipos possíveis: qualidade, quantidade, relação, ação, paixão, lugar, tempo, situação e posse. Enquanto a substância é o ente que subsiste por si, os acidentes existem somente na substância, isto é, são entes sem subsistência própria.

O que se quer mostrar com a teoria das categorias é que ente em sentido principal é aquilo que existe em si, isto é, a substância, enquanto os acidentes, em sua dependência ontológica, são entes em sentido derivado. Tome-se como exemplo um hábito: o hábito é um acidente da categoria da qualidade; jamais o hábito será um ser em si, pois ele só existe num sujeito ou substrato que é a substância. Por isso mesmo posso dizer que "João (substância) tem bom hábito (acidente)". Justamente, por ser a substância, isto é, o ente no sentido principal, Aristóteles dedicou-se profundamente a seu estudo, que está registrado sobretudo no livro VII de sua *Metafísica*, comentado por Tomás.

Investigar o que é a substância e o que lhe dá a propriedade de ser em si é, no fundo, entender o que é o ente. Aristóteles, ao discorrer sobre algumas hipóteses para responder a essa investigação, termina por esclarecer outros dois conceitos importantes de sua metafísica, os conceitos de essência e de forma. Por outro lado, em sua *Física*, Aristóteles desenvolvera uma teoria importante relativa aos entes corpóreos, a assim chamada teoria hilemórfica, que diz que todo ente corpóreo tem sua essência composta e não simples, e essa composição é de matéria (ύλη, hýle) e forma (μορφή, morphé). Por isso, Tomás, no *Ente e a essência,* declara: "nas substâncias compostas nota-se a forma e a matéria, como no homem a alma e o corpo. Não se pode, porém, dizer que apenas um deles seja denominado essência" (*DeEnte*, c. II, 10).

A noção de essência foi-se, pois, delineando a ponto de, na *Metafísica*, Aristóteles atingir o ápice de sua filosofia primeira: o que constitui a substância como ser em si é a essência, mas a essência mesma, por natureza, tem como seu ato principal a forma, de modo que a forma é que dá subsistência à substância. Por isso, o que faz o ente ser ente é justamente a forma.

Essa descoberta aristotélica quer significar que a forma é ato e, enquanto tal, é superior à matéria, não dependendo desta para existir a não ser nos entes corpóreos, o que significa que podem existir entes sem matéria, pois, se o que dá subsistência é a forma, nada impede que uma forma pura exista. Assim será a natureza dos entes espirituais, por exemplo, Deus, pura forma, sem matéria.

Embora o dito até aqui pertença por apropriação à metafísica tomasiana, a diferença de Tomás em relação a Aristóteles faz-se patente neste ponto mais elevado da metafísica grega. Para Tomás, não é a forma que dá subsistência à substância, embora ela não seja negada: é o ser, o ato de ser que faz a substância um ente em si.

Se para Aristóteles, forma, essência e acidentes são atos, isto é, perfeição, para Tomás, todos esses atos são potência em relação à perfeição fundamental, o ser (*esse*), sem o qual as próprias formas ou essências não seriam. A partir daí, Tomás estabelece a distinção real entre ser e essência nos entes.

O ato de ser é o fundamento último da realidade dos entes. A multiplicidade de entes revela a existência de perfeições diversas e, ao mesmo tempo, mostra uma perfeição comum a todos os entes, que é o ser (*esse*). Portanto, o ser é ato que engloba todas as perfeições. Do mesmo modo que todos os seres humanos possuem uma forma substancial (ato no âmbito da essência) que faz com que sejam humanos, os entes têm um ato (o ser), pelo qual são entes. O ato de ser dos entes – semelhança do ser divino – se encontra limitado por uma potência (a essência) que degrada sua plenitude e perfeição.

O ser, por reunir de modo cabal as características do ato, pode subsistir independentemente de toda potência. Para Fabro (1997, p. 85), "Santo Tomás acolheu sem reservas esse *primado do ato*", aplicando-o ao ser (p. 90). O ser é o ato dos demais atos do ente, pois atualiza qualquer outra perfeição, fazendo-a ser. Por exemplo, o agir, que é ato segundo, se fundamenta nas potências operativas – ato primeiro na ordem dos acidentes; e essas faculdades, com o resto das perfeições acidentais, recebem sua própria atualidade da forma substancial, ato primeiro da essência; por sua vez, toda a perfeição da essência deriva do ser, o qual, por isso, com propriedade, é ato último e ato de todos os atos do ente.

Daí, a distinção real entre ser e essência. O ser como ato da essência implica de modo necessário uma distinção real em relação a ela, já que entre qualquer potência e seu ato existe uma distinção real. Nesse caso, o ato é o ser, e a essência sua potência receptiva. Prova-se isso seja pela multiplicidade dos entes criados, seja pela semelhança dos entes entre si.

Por último, o *esse*, enquanto ato da essência, permite identificar os níveis de participação no ser dos entes criados, a tal ponto que uns sejam corruptíveis e contingentes, e outros, incorruptíveis, necessários e imortais, no caso da alma humana, por exemplo. Costuma-se dizer que a composição essência-ato de ser é de uma ordem transcendental, porque acompanha necessariamente todos os entes criados, materiais e espirituais. Algumas passagens sobre o tema podem servir de fundamentação para esta tese. A primeira é a mais sintética e encontra-se na *Suma*:

> O próprio ser [*esse*] é o que há de mais perfeito em todas as coisas [*perfectissimum omnium*], é comparado a todas como seu ato [*ut actus*]. Nada, portanto, tem atualidade a não ser enquanto é, donde o próprio ser é a atualidade de todas as coisas e até mesmo das próprias formas. Donde não é comparado às outras coisas como o recipiente ao recebido, mas antes como o recebido ao recipiente. Quando, pois, digo o ser do homem ou do cavalo ou de qualquer outra coisa, o próprio ser é considerado como formal e recebido e não como aquilo a que compete o ser. (*S.Th.* I, q. 4, a. 1, ad 3m).

Quando, no texto acima, Tomás refere-se a 'formal', deve-se entender aquilo que é mais perfeito, pois ele toma essa expressão da doutrina aristotélica que supõe a forma como a perfeição máxima do ente. O que ele está a dizer é que o ser é o mais determinante, perfeito, no ente. Isso é apresentado de modo mais detalhado nas *Questões disputadas sobre a potência*. Aqui, não somente o ser é o que há de mais perfeito em todas as coisas, mas é atualidade de todos os atos, isto é, atualiza a própria forma:

> O que chamo de ser [*esse*] é o que há de mais perfeito dentre todas as coisas; o que é patente, porque o ato é mais perfeito do que a potência. Qualquer forma específica só é entendida em ato a não ser porque é posta no ser. Pois 'humanidade' ou 'ignidade' podem ser consideradas como existindo na potência da matéria, ou na virtude do agente, ou também no intelecto; mas somente porque têm o ser é que são existentes em ato. Por isso, fica patente que o que chamo 'ser' é a atualidade de todos os atos e é por isso que é a perfeição de todas as perfeições. E não devemos compreender que, aquilo a que chamo ser, acrescentemos algo mais formal do que ele, que o determine, como o ato determina a potência; porque um ser deste tipo é diferente segundo a essência daquilo que deve ser acrescentado para determiná-lo.

> Mas nada pode ser acrescentado ao ser que lhe seja externo, pois nada nele é externo, exceto o não-ente, que não pode ser nem forma, nem matéria. É por isso que o ser não é assim determinado por algo como a potência pelo ato, mas antes como o ato em relação à potência (*DePot.*, q. 7 a. 2 ad 9m, tradução do autor).

A consequência da descoberta do ser como ato é a distinção real entre ser e ente e, por conseguinte, a distinção entre ser e essência nos entes e a identidade entre ser e essência em Deus, conforme o texto que segue:

> As coisas não se distinguem entre si segundo possuem o ser [*habent esse*], porque o ser convém a todas elas. [...] Portanto, resta que as coisas se diferenciem por possuírem naturezas diversas, pelas quais o ser é recebido diversamente. Mas o ser divino não se acrescenta a outras naturezas, porquanto é ele idêntico à sua própria natureza, como foi demonstrado (c. XXII). Logo, se o ser divino [*esse divinum*] fosse o ser formal [*esse formale*] de todas as coisas, tudo necessariamente teria de ser uma só coisa. (*CG* I, c. 26).

Essa tese da distinção real entre ser e essência nos entes e a consequente identidade entre ser e essência em Deus é provavelmente a que mais se difundiu a respeito da metafísica tomasiana. Ao tratar de naturezas distintas, isto é, essências, o argumento prova a tese mostrando que o princípio comum a todos os entes é o ser e o princípio de distinção são as essências – há múltiplas essências no universo; já quando se consideram somente as espécies, como ser humano, cavalo, rosa etc.; e com muito maior razão, os indivíduos de cada espécie, que têm sua essência individualizada. Mas, para concluir o argumento, deve-se reconhecer que como aquilo que unifica (o ser) não pode ser o mesmo que distingue (a essência), fica claro que, nos entes, ser e essência realmente se distinguem, enquanto Deus não pode ser senão o seu ser. Isso não quer dizer que Deus e os entes se identificam, porque os entes participam do ser que é causado por Deus, portanto o ser dos entes é causado pelo Próprio Ser Subsistente.

Importa ressaltar ainda que o modo de relação entre potência e ato, em todas as ordens da realidade, foi explicado por Tomás por meio do princípio de participação, de origem platônica e neoplatônica. Ao aplicar esse princípio ao ser, em seu comentário aos *Hebdomadibus* de Boécio, Tomás declara: "O que é pode participar de algo, mas o ser mesmo de nenhum modo participa de algo", *quod est participare aliquo potest; sed ip-*

sum esse nullo modo aliquo paticipat (c. II). Mais adiante, como se verá, a expressão *ipsum esse* adjetivada com o termo *subsistens* (*Ipsum Esse Subsistens*) se aplicará somente a Deus, como aquele de quem todo participante, ente, provém.

Essa assimilação da teoria platônica da participação à teoria aristotélica de potência e ato encontra-se em toda a obra de Tomás, e atinge até mesmo a Teologia. E numa obra de maturidade, seu *Comentário ao Liber de Causis*, vê-se claramente que Tomás emite um juízo definitivo sobre o valor dessa sua conquista teórica. No comentário à proposição III, ele diz: "Porque aquilo que pertence às coisas superiores se encontram nas inferiores segundo certa participação" (*DeCausis*, p. III, l. III).

Enfim, como o que existe é o ente concreto e, dependendo do tipo de ente, é um composto com mais ou menos princípios componentes, pode-se esquematizar os distintos tipos de entes da seguinte forma: "O último, porém, do qual todos participam, e que não participa de nenhum outro, é o próprio Uno e Bem Separado, que era chamado de Sumo Deus e Causa Primeira de todas as coisas" (*DeCausis*, p. III, l. III). Pode-se, então, estabelecer um quadro desses níveis de participação, distinguindo três ordens de entes, dois níveis de participantes: os entes corpóreos e os anjos; e o imparticipado, Deus. As relações em cada ordem também são de potência e ato, por conseguinte, de participante e participado.

1) os entes corpóreos e sua composição:
matéria prima (potência) + forma substancial (ato) = essência
essência (potência) + ser (ato) = substância
substância (potência) + acidentes (ato) =
indivíduo, pessoa humana ou não, o sujeito com todas as perfeições acima.

2) os entes incorpóreos e sua composição (os anjos):
forma substancial (ato) = essência
essência (potência) + ser (ato) = substância
substância (potência) + acidentes (ato) =
indivíduo, pessoa de cada anjo, o sujeito com todas as perfeições acima.

No caso de Deus, como nele não pode haver composição, somente as perfeições, isto é, os atos, podem ser atribuídas a Ele, com exceção dos acidentes, pois esses são perfeições complementares dos entes e não podem ser atribuídas ao ser perfeito. Portanto, tudo em Deus é ato, que se identifica também com sua pessoalidade:

3) forma substancial = essência = ser = substância = ato = pessoa divina[5].

---

5. a ⬜ILOSOFIA CONCLUI QUE ᵈEUS É PESSOA, PORQUE O TERMO ⬜PESSOA⬜ SE APLICA A TODO SUJEITO INTELIGENTE, COMO SE VERÁ NA LIÇÃO 5. ⁿÃO PODE AINDA FALAR DE TRÊS PESSOAS, POIS ESTA PERTENCE À DOUTRINA DA FÉ.

Os transcendentais completam essa estrutura categorial dos entes. No primeiro artigo das *Questões disputadas*, Tomás discorre sobre aspectos do ente que mais tarde foram chamados de transcendentais. Por transcendental[6] entende-se algo que ultrapassa determinada realidade ou categoria. Depois do estudo dos princípios constitutivos dos entes enquanto tais, seus distintos níveis de composição e sua estrutura metafísica, resta por considerar alguns aspectos derivados de modo necessário do ente, que são suas propriedades transcendentais: unidade, verdade, bondade e beleza; características que acompanham qualquer ente na mesma medida em que é. Não se pode conhecer nenhuma perfeição que seja alheia ao ente, porque seria o nada.

Os conceitos transcendentais são os que designam aspectos que pertencem ao ente enquanto tal: essas noções expressam algo que convém a todas as coisas (não unicamente à substância, ou à qualidade...). De modo que se predicam de tudo aquilo a que se pode aplicar o qualificativo de ente: tem a mesma amplidão universal que essa noção. Na passagem a seguir, Tomás aborda alguns desses transcendentais:

---

6. Transcendental é o termo que se passou a usar depois de Tomás para explicar esses aspectos que pertencem ao ente enquanto tal e que, portanto, transcendem a exclusividade das categorias do ente.

O outro caso é segundo o "ajustar-se" (*convenire*) de um ente a outro e isto só pode ser considerando alguma coisa que por sua natureza seja apta a ir ao encontro (*convenire*) de todo ente: e é precisamente a alma, a qual "de certo modo é todas as coisas", como se diz em III *De anima* [8]. Pois na alma há as potências cognoscitiva e apetitiva; o ajustar-se do ente ao apetite é expresso pela palavra "bem" (*bonum*), daí que, no início de *Ethicorum* [I,1], diz-se que "o bem é aquilo que todas as coisas apetecem", enquanto a conveniência (*convenientia*) do ente ao intelecto é expressa pelo nome "verdadeiro" (*verum*) (*DeVer.*, q. I, a. 1, c).

Esse texto de Tomás apresenta uma dedução que inclui alguns transcendentais que não aparecem em outras passagens, ao mesmo tempo que ignora o belo como transcendental. As razões da mudança de um texto para outro podem ser muitas e ultrapassam o objeto desta lição. Contudo, pode-se admitir como princípio geral que alguns transcendentais são mais universalmente aplicáveis do que outros, como o caso de coisa (*res*), dificilmente atribuível a Deus, por exemplo. Pode-se então chegar a esses quatro transcendentais principais, por consideração do ente em si, enquanto é indiviso, este é o uno.

Da universalidade do objeto do intelecto e da vontade surgem os três últimos transcendentais: *verum, bonum, pulchrum*. Em sua conveniência ao intelecto, o ente é verdadeiro (*verum*), no sentido de que o ente, e só ele, pode ser objeto de uma autêntica intelecção. Em sua conveniência com os apetites, especialmente a vontade, tem-se o bem (*bonum*). Finalmente, segundo a conveniência do ente à alma, mediante certa conjunção de conhecimento e apetite, compete ao ente a beleza ou a formosura (*pulchrum*); isto é, causar certo prazer quando é apreendido.

Enfim, todas essas perfeições do ente estão realizadas nos sujeitos subsistentes, que, a partir da tradição cristã, se distinguem entre pessoas ou meros indivíduos. Em razão disso, é importante que se entenda claramente o conceito de pessoa humana e como ele é aplicado, por analogia, aos anjos e a Deus.

Quinta lição

A pessoa humana

É certo que, dentre todos os entes corpóreos, a pessoa humana é o que há de mais perfeito: "pessoa é o que há de mais perfeito em toda a natureza" (*S.Th.* I, q. 29, a. 3 c), porque é dotada de inteligência e vontade. A noção de pessoa, por abarcar ainda as pessoas divinas, é estudada na primeira parte da *Suma* em consonância com o estudo de Deus e, mais especificamente, da Trindade. Essa é uma tradição herdada diretamente de Boécio, tomada sobretudo da obra *Sobre as duas naturezas*.

Tomás aplica sua concepção metafísica da realidade para explicar a pessoa humana, claramente marcada por uma visão da essência humana, mas com a novidade da participação da essência no ser, consoante a lição anterior. Da tradição oriunda de Boécio, Tomás retoma a concepção de pessoa, que, por sua vez, está unida à discussão teológica trinitária dos primeiros séculos cristãos. A dificuldade em compreender Deus que, nas Escrituras se mostra trino, levou pensadores cristãos gregos dos primeiros séculos a adotarem o termo πρόσωπον, prósopon, mais referente ao mundo teatral, e aplicá-lo ao Espírito Santo, a Jesus e a Deus Pai, como subsistências distintas. Entendidos como subsistentes, era necessário explicitar de modo técnico essa subsistência de cada um dos três: πρόσωπον pareceu o termo melhor, logo assumido na tradição latina por seu termo correspondente, *persona*.

Boécio sintetiza a doutrina cristã da pessoa com a famosa definição *rationalis naturae individua substantia*, substância individual de natureza racional. Não é sem sentido crítico que Tomás a recupera. Na *Suma* (I, q. 29, a. 1), ele trata dessa definição e explica que ela é, por um lado, redundante; por outro, equívoca: redundante porque a concepção de substância que Tomás adota é sobretudo a de substância primeira aristotélica, isto é, de substância já individualizada; equívoca porque a capacidade racional pertence somente à pessoa humana, enquanto as pessoas angélicas e divinas não raciocinam, isto é, têm conhecimento intuitivo, sem mediação de premissas. Isso não significa que Tomás invalide a consagrada definição de Boécio, pois ele bem sabe que o filósofo latino pensava o mesmo, por meio de outros termos, isto é, tomava substância no sentido universal, a substância segunda aristotélica (isto é, a essência); e racional, no sentido de intelectual.

A correta definição de pessoa é, segundo Boécio, substância individual de natureza racional, porque o indivíduo está principalmente na categoria da substância, e, por isso mesmo, esse indivíduo é chamado de hipóstase ou substância primeira. Na categoria da substância, o indivíduo realiza-se de modo especial e perfeito nas substâncias racionais, que têm domínio sobre seus atos. Nessa definição, usa-se, pois, o individual para indicar o indivíduo na categoria da substância e natureza racional para indicar o singular nas substâncias racionais.

Contudo, pessoa não é o mesmo que hipóstase, subsistência e essência, pois estas são como que partes da pessoa, excetuando-se o caso de Deus, a quem esses conceitos devem ser aplicados analogicamente (cf. lição 9). As distinções acima são importantes 1) porque substância se diz em dois sentidos: a) quididade (a definição da coisa, sua essência) e b) sujeito ou suposto ou hipóstase (indivíduo do gênero da substância); 2) porque se usam ainda três termos para indicar a substância neste segundo sentido: coisa da natureza, subsistente e hipóstase; 3) porque, não obstante, se usa subsistência para indicar a inseidade, o ser em si. Logo, pessoa é o ente mais perfeito que há, porque abarca a hipóstase, a subsistência e a essência do ente inteligente.

A concepção central do ser humano como composição entre corpo e forma espiritual, que o define em sua pessoalidade, suporta algumas propriedades que devem ainda ser acentuadas: a consciência, a liberdade e a intersubjetividade. Essas propriedades se relacionam ao intelecto, à vontade e à relação com o outro, respectivamente. Essa composição que inclui o corpóreo é também um distintivo da pessoa humana em relação às pessoas angélicas e divinas.

A consciência é, em primeiro lugar, o conhecimento de si. Esse conhecimento é possível em razão da inteligência, que se toma como objeto de apreensão intelectual. Em primeiro lugar, a consciência dá a conhecer a própria existência da pessoa como princípio unificador de seus múltiplos conhecimentos, sensíveis e intelectuais. Em seguida, por meio de rigorosa e atenta inquirição, a alma pode conhecer sua própria essência, ou seja, ter consciência de sua natureza espiritual: "deve-se dizer que a mente se conhece por si mesma, pois acaba por chegar ao conhecimento de si mesma, embora por seu ato" (*S.Th.* I, q. 87, a. 1, ad 1).

Tomás (*S.Th.* I, q. 79, a. 13) declara que a consciência não é uma faculdade (potência) distinta das outras faculdades intelectuais: a consciência não é uma faculdade, ela é um dos atos do intelecto, pois consciência significa conhecimento acompanhado de outro conhecimento. Por isso mesmo, a consciência é aquilo que atesta, obriga, incita, acusa, reprova, repreende etc., de modo que há ciência do que se faz, do que se deseja e se pensa, de modo que se pode resumir em três os atos próprios da consciência: atestar, obrigar e reprovar, sobretudo, nas ações morais.

Mas o que é determinante na consciência é o testemunho da liberdade da vontade. A liberdade é, pois, a capacidade que a pessoa tem de governar suas próprias ações. Trata-se propriamente do livre-arbítrio e sua sede é a vontade, ainda que iluminada pelo intelecto, pois a escolha, um dos atos da vontade livre, está em íntima relação com o intelecto até o momento em que se põe a agir.

Os atos da vontade em relação com o intelecto são seis: a volição, a intenção do fim, o consentimento dos meios, sua eleição, o uso ativo da vontade e a fruição. O intelecto, por sua parte, precedendo à vontade em seus respectivos atos, a ilumina com atos próprios, que também são seis. Eis aqui o esquema clássico dessas relações, elaborado por Gardeil (1908, col. 343-345), que segue a *Suma teológica*:

atos do intelecto	atos da vontade
1. simples apreensão	2. simples volição
3. juízo de possibilidade	4. intenção
5. deliberação	6. consentimento
7. juízo prático	8. eleição
9. comando	10. uso ativo
11. uso passivo	12. fruição

O intelecto move a vontade apresentando-
-lhe um objeto conhecido como bem, ou seja,
como fim; por sua vez, a vontade move o intelecto (como move as outras faculdades), "pois
o bem conhecido é o objeto da vontade, e a
move enquanto fim" (*S.Th.* I, q. 82, a. 4, c). Para
cada um dos atos da vontade, tem-se antes um
ato intelectual, claramente distinto e em íntima
dependência.

Assim, o primeiro ato do intelecto é a
apreensão de algo como bem, o qual desperta a
vontade por simples volição, que é seu primeiro
ato. Segue-se o segundo ato intelectual, o julga-
mento, pelo qual o bem conhecido na apreensão é visto como apropriado e possível. Esse
segundo ato do intelecto gera o segundo ato da
vontade, a intenção, pela qual ela se inclina para
o bem. A essa intenção da vontade, o intelecto
responde com seu terceiro ato, a deliberação ou
o conselho, que versa sobre os meios para que
se atinja o bem apreendido; a vontade, por sua

vez, responde com o consentimento a respeito dos meios. Em virtude desse consentimento, uma vez que os meios são vários e não podem ser todos utilizados ao mesmo tempo, o intelecto é novamente levado a discernir os meios mais apropriados por meio de um juízo prático ou discricionário dos meios, quarto ato do intelecto, o qual induz a vontade à escolha ou eleição do meio melhor, quarto ato da vontade. O intelecto, então, intima as faculdades para agir em função da escolha, quinto ato do intelecto, o comando; a esse comando a vontade responde obrigando as outras faculdades a executar os meios, quinto ato, o uso ativo. A esse uso ativo corresponde o uso passivo dos meios pelos quais se obtém o fim, sexto ato do intelecto, cuja posse torna feliz a vontade, a fruição do bem, sexto ato da vontade.

A consciência como autoconhecimento envolve igualmente a consciência do outro. Essa consciência do outro estabelece-se por meio de uma relação. Trata-se de uma fundamentação de cunho metafísico, pois a relação é uma das categorias do ente, que explica o que se toma hoje em sentido existencial.

A relação é uma ordenação de um ente a outro. Essa relação que, normalmente, atinge dois entes, é acidente em cada um dos entes relacionados e pode assumir distintas especificidades. Por exemplo, a relação que existe entre pai e filho: relação de paternidade, que atinge um como pai e o outro como filho. Nesse sentido, é uma relação estática, isto é, ôntica, estabelecida pelo ato de geração, independentemente das relações que pai e filho desenvolvam posteriormente em suas vidas. Essa relação escolhida e atualizada é o que se chama de dinâmica. Não há, no pensamento tomasiano, uma preocupação com esse nível de relações de ordem mais existencial, que caracteriza o pensamento contemporâneo, especialmente o que se desenvolveu no século XX, caracterizado pelo conceito de alteridade. Isso não impede, contudo, que seja abordada a dimensão da intersubjetividade na perspectiva que Tomás a entendeu. A dimensão mais próxima ao que se pensa hoje compete em Tomás à ética. Por isso, assim como, no estudo da consciência, Tomás trata da consciência intelectual distintamente da consciência moral, no tema da intersubjetividade se deve aplicar uma distinção análoga.

Sexta lição

O agir humano

Quando se trata do agir humano, visa-se aos *agibilia*, isto é, a operações morais, que só podem ser cumpridas por um ser livre, ou pessoa. É nessa ordem de coisas que se distingue um ato meramente do homem e um ato humano. Um ato humano é um ato de pessoa, isto é, de um ser livre e que se comunica com o outro, de que o outro pode participar. Ou seja, entende-se por ato propriamente humano aquele que a pessoa realiza em virtude da sua diferença específica, isto é, em virtude de sua razão deliberante. Esse agir propriamente humano distingue-se daquelas ações que se realizam sem o uso pleno da razão e da liberdade, chamadas, por isso mesmo, de meras ações do homem.

Portanto, nem tudo aquilo que o homem faz preenche os requisitos necessários para ser sede de sua moralidade, por exemplo, um ato reflexo, instintivo, que a pessoa execute sem aceitação da vontade livre: "Por consequência, qualquer ato, do qual o homem é senhor, é propriamente um ato humano; não, porém, aqueles dos quais o homem não é senhor, ainda que se realizem no homem, como o digerir, o crescer, e outros semelhantes" (*DeVirt*, a. 4 c). Em suma, a condição fundamental para a moralidade é a participação da razão e da liberdade na ação, como princípios dela mesma. E é aqui que se situa o agir propriamente humano.

De modo geral, todo ente age consoante sua natureza e suas faculdades: "o operar pela própria forma é próprio de qualquer operante" (*CG* III, c. 52). Assim, no caso do ser racional, o seu agir sempre pode seguir sua faculdade mais excelente, a razão, pois é por ela que o homem atinge sua perfeição. O uso da razão nesse aspecto tem uma natureza prática. E aqui é indiferente o uso dos termos 'intelecto prático' e 'razão prática'. É verdade que essa terminologia supõe uma distinção anterior e mais abrangente: intelecto especulativo (*intellectus speculativus*) e intelecto prático (*intellectus practicus*). Como se sabe, por intelecto especulativo entende-se a faculdade intelectual do conhecimento enquanto visa ao puro conhecer; o intelecto prático é aquele que busca o conhecimento em vista de uma ação. Essa distinção, de origem grega, pode ser facilmente recolhida no texto de Tomás: "O intelecto especulativo é aquele que não ordena o que apreende para a ação, mas somente para a consideração da verdade. Ao contrário, o intelecto prático ordena para a ação aquilo que apreende" (*S.Th.* I, q. 79, a. 11, c).

Considere-se ainda que em Tomás não se pode falar em razão e intelecto como faculdades distintas: "A razão e o intelecto não podem ser no homem potências diferentes [...]. Conhecer é simplesmente apreender a verdade inteligível. Raciocinar é ir de um objeto conhecido a um outro, em vista de conhecer a verdade inteligível" (*S.Th.* I, q. 79, a. 8, c). De modo que a distinção que se encontrava em Platão entre διάνοια, diánoia (*ratio*), e voῦς, noûs (*intellectus*) é atenuada, se não totalmente suprimida, no pensamento tomasiano, embora isso seja, como se sabe, uma herança aristotélica.

A vontade como faculdade apetitiva intelectual tem como objeto o bem universal, que lhe é apresentado pelo intelecto e pela razão prática: "O querer não é outra coisa senão o dinamismo que procede de um espírito intencionalmente informado" (De Finance, 1965, p. 301). Esse tender revela uma dinâmica participativa no bem representado pelo intelecto, e, por isso, universal, mas que se atualiza num ato concreto, na escolha de um bem singular. O uso das faculdades intelectuais, intelecto e vontade, são o meio pelo qual o agente humano atualiza suas capacidades numa espécie de participação dinâmica, distinta da participação constitutiva do seu modo de ser.

Em outras palavras, a participação dos entes no ser não é o único modo de participação. Há um tipo de participação que envolve as operações dos entes, que com elas buscam aperfeiçoar suas existências. Por exemplo, os atos relativos ao conhecimento, tanto nos animais quanto nos humanos, pertencem à dinâmica de suas ações. Há, contudo, um tipo de participação dinâmica, que, no caso do homem, transcende suas operações sensíveis comuns aos animais, e são as operações oriundas das faculdades intelectuais, de modo muito especial, da vontade, que consiste na busca do bem.

Por um lado, Tomás declara que "todo conhecimento da verdade, com efeito, é uma irradiação e participação da lei eterna" (*S.Th.* I-II, q. 93, a. 2 c); por outro, "todas as inclinações de quaisquer partes da natureza humana, por exemplo, do concupiscível e do irascível, enquanto são reguladas pela razão, pertencem à lei natural, e se reduzem a um só princípio" (*S.Th.* I-II, q. 94, a. 2, ad 2): esse princípio formula-se nestes termos: 'faze o bem e evita o mal', conforme se lê no corpo do artigo referido.

O bem e o mal do agir humano são avaliados sob três perspectivas: 1) o objeto da ação;

2) a intenção do agente; e 3) as circunstâncias do ato. A ação humana torna-se boa ou má em razão do objeto conveniente. Trata-se aqui do que se chama objeto da ação moral, que não é outra coisa do que a conveniência ou não do ato em relação à natureza humana (*S.Th.*, I-II, q. 18, a. 2 c). Por outro lado, há um aspecto subjetivo em toda ação moral, a intenção. A intenção é ato da vontade e diz respeito à finalidade da ação (*S.Th.*, I-II, q. 12, a. 1 c). As circunstâncias são quaisquer condições que estejam fora da essência do ato e que o atingem acidentalmente. *Quem, o quê, onde, por que meios, por quê, como, quando*, indicam os sete acidentes que circunscrevem os atos humanos (*S.Th.*, I-II, q. 7, a. 3 c).

Os princípios morais derivados do princípio "faze o bem e evita o mal" regem os atos e os hábitos humanos, consoantes em primeiro lugar ao objeto, mas também quanto à intenção e as circunstâncias. Os três elementos são os que determinam a bondade ou a malícia de um ato humano.

Quanto aos hábitos, Tomás trata-os da questão 49 à 54 da primeira parte da segunda da *Suma*. O conjunto de artigos (23) aí contidos formam um verdadeiro tratado sobre o tema. A começar pela etimologia latina do termo, Tomás esmiúça todas as implicações dessa qualidade presente em quase todas as esferas do agir humano.

O hábito é qualidade, isto é, pertence à categoria acidental da qualidade e é a disposição adquirida ou infusa em virtude da qual um ente é bem-disposto ou maldisposto, em si ou em relação a outro ente. O hábito, como qualidade, tem a propriedade de ordenar o agente para o melhor e facilita, assim, o agir, porque o hábito dispõe o sujeito à ação, de modo conatural: "Porque quem possui um hábito acha preferível por si o que está conforme ao seu próprio hábito: isto torna-se para ele de certo modo conatural, na medida em que o costume e o hábito convertem-se em uma segunda natureza" (*S.Th.* I-II, q. 78, a. 2 c).

O sujeito dos hábitos é a alma humana e suas faculdades. O hábito que se adquire depende de atos que se repetem, normalmente realizados por uma ou mais faculdades humanas que concorrem para isso. Nesse sentido, tanto as faculdades sensitivas como as intelectuais são sujeitos de hábito.

Certos hábitos podem ser causados por vários atos repetidos, ou mesmo por um só ato, porque, em relação às potências apreensivas, pode suceder que um único ato seja suficiente. Quanto às potências inferiores apreensivas, é necessário que sejam os mesmos atos reiterados muitas vezes, para produzirem uma forte impressão na memória.

Mas o homem também tem hábitos infundidos por Deus e que, portanto, não são adquiridos, mas infusos. Certos hábitos são infundidos no homem por Deus, porque há certos bens inatingíveis pelo esforço humano: são os hábitos sobrenaturais, como as virtudes da fé, da esperança e da caridade.

Os hábitos distinguem-se por seus princípios ativos, pela natureza e pelos objetos especificamente diferentes. Por exemplo, os hábitos distinguem-se pelo bem e pelo mal, conforme a conveniência ou não em relação à natureza humana, por isso os hábitos se especificam como hábito bom, virtude, e hábito mau, vício. Assim, os atos virtuosos da natureza humana são conformes à razão, ao passo que os atos dos vícios são contrários à razão e prejudicam a natureza humana.

No complexo estudo sobre o agir humano, Tomás aborda um tema clássico da filosofia grega, as paixões da alma. As paixões relacionam-se aos atos humanos em razão de sua força emulativa ou minorativa do agir. Pode-se encontrar a temática das paixões em distintas obras tomasianas, porém, nas questões 23 e 24 da I-II da *Suma*, encontra-se um breve tratado que é suficiente ao escopo desta lição. A distinção mais ampla refere-se às faculdades em que as paixões se distribuem, que são o apetite concupiscível e o apetite irascível, conforme a tabela das faculdades da lição 2.

As paixões do concupiscível não são as mesmas do irascível, porque potências diversas têm objetos diversos. Assim, o objeto do concupiscível são o bem e o mal sensíveis; porém, o objeto do irascível são o bem e o mal árduos e difíceis. Ou seja, as paixões que visam ao bem ou ao mal, sem maiores qualificações, pertencem ao concupiscível; todas aquelas que visam ao bem ou ao mal enquanto árduos e difíceis de serem alcançados ou evitados pertencem ao irascível. Pode-se ilustrar essa distinção do seguinte modo: algo apetitoso pode suscitar meu desejo, como um pedaço de carne, trata-se de uma paixão do concupiscível; contudo, se espero, diante de dificuldades, poder saciar meu apetite com um pedaço de carne, estou numa situação de esperança, porque não tenho certeza de saciar esse apetite – pois o objeto supõe algum esforço para ser alcançado –, trata-se de uma paixão do irascível.

Ao explicar a ordem entre as paixões, Tomás apresenta aquelas que ele considera principais. Assim, o amor é a primeira das paixões do concupiscível, porque tem por objeto o bem enquanto tal e todas as paixões que têm o bem por objeto são naturalmente anteriores àquelas que têm o mal como objeto, pois o mal é derivado e nunca princípio fundante de uma ação, pois o mal, propriamente, não é um ente, conforme se verá na lição 9. E porque, sendo o fim, é o primeiro na intenção e o último na execução, o primeiro a que se visa é ao amor.

A ordem das paixões do concupiscível pode ser considerada relativamente à intenção ou à execução; quanto à execução, o amor, o desejo e o deleite; quanto à intenção, o deleite, o desejo e o amor; e, nos dois casos, o amor é primeiro, porque amar é querer bem em geral, enquanto o desejo se caracteriza por uma tendência a um bem ausente e o deleite (ou alegria) pela fruição de um bem presente. As paixões opostas a estas são, primeiramente, o ódio, que assim como o amor é um querer mal em geral; a aversão, que consiste na abominação de algo que não está presente; e a tristeza, que é justamente o sofrimento por um mal presente.

A esperança é a primeira entre as paixões do irascível, porque todas as paixões do irascível importam movimento para alguma coisa, o que tem dupla causa: aptidão relativamente ao fim, o que é próprio do amor e do ódio; ou da presença do bem mesmo e do mal, o que pertence à tristeza ou ao deleite. As paixões do irascível importam o movimento consequente ao amor ou ao ódio do bem e do mal: as que têm como objeto o bem, como a esperança e o desespero, hão naturalmente de ter prioridade; e entre a esperança e o desespero, aquela tem prioridade por ser movimento para o bem. Tomás compara o irascível, e suas paixões, a um combatente que defende os bens apetecidos pelo concupiscível: "a potência irascível é uma espécie de combatente defensor da concupiscível, insurgindo-se contra aquilo que impede o que é conveniente que a concupiscível deseja, e contra aquilo que causa dano e de que se foge" (*S.Th.* I, q. 81, a. 3 c).

A ordem geral da apresentação das paixões é esta: primeiramente surgem o amor e o ódio; depois, o desejo e a fuga; terceiro, a esperança e o desespero; quarto, o temor e a coragem; quinto, a ira, que não tem oposto; sexto e último, o deleite e a tristeza, que acompanham todas as paixões. As principais paixões são as quatro seguintes: a alegria e a tristeza, a esperança e o temor, porque as duas primeiras – o deleite e a tristeza – são completivas e finais em relação às outras, ou seja, elas são paixões que se apresentam ao final de nossos atos. A distinção das quatro paixões primárias funda-se na diferença entre o presente e o futuro: o bem presente é objeto da alegria; o mal presente, objeto da tristeza; o bem futuro, objeto da esperança; e o mal futuro, objeto do temor.

Esquema das paixões na *Suma teológica*				
I. Paixões do concupiscível				
Latim	**Nome**	**Objeto**	**Oposição**	**Grego**
amor	amor	**bem**	ódio	μῖσον, mîson
concupiscentia	desejo	**bem ausente**	aversão	ἀπεχθεία, apechtheía
delectatio, laetitia	deleite, alegria	**bem presente**	tristeza	λύπη, lýpe
odium	ódio	**mal**	amor	φιλία, philía
abominatio	aversão	**mal ausente**	desejo	ἐπιθυμία, epithymía
tristitia	tristeza	**mal presente**	alegria	ἡδονή, hedoné
II. Paixões do irascível				
spes	esperança	**bem árduo de obtenção possível**	desespero	ἀνελπίς, anelpís
desperatio	desespero	**bem árduo de obtenção impossível**	esperança	ἐλπίς, elpís
timor	temor	**mal árduo a se fugir**	audácia	Θάρσος, thársos
audatia	audácia	**mal árduo a se superar**	temor	Φόβος, phóbos
ira	ira	**mal árduo presente**	–	ὀργή>, orgé

Sétima lição

As virtudes

O extenso tratado das virtudes na *Suma teológica* e os múltiplos aprofundamentos do tema nas *Questões disputadas* são o objeto desta lição, apresentada a partir da estrutura fundamental de três grupos de virtudes, as intelectuais, as morais e as teologais: (1) inteligência, ciência, sabedoria e arte formam as virtudes intelectuais; (2) prudência, justiça, fortaleza e temperança constituem as virtudes morais; (3) as virtudes teologais são três: fé, esperança e caridade. Contudo, o estudo das virtudes é precedido pelo estudo dos hábitos humanos e das virtudes em geral, de que se tratou na lição anterior. Em seguida, as virtudes em geral e a distinção das virtudes.

A virtude humana é hábito, porque é certa perfeição da potência e a perfeição de um ser é considerada em relação a seu fim e o fim da potência é seu ato, favorecido pelo hábito. A virtude humana é hábito operativo, que tem a forma como princípio da ação, pois um ser age enquanto é atual. A virtude é, pois, hábito bom, porque aquilo de que uma virtude é capaz há de ser necessariamente o bem, pois o mal implica certo defeito. Pode-se, finalmente, definir a virtude como "a boa qualidade da mente, pela qual vivemos retamente". O fim da virtude é a obra mesma do bem.

Uma questão importante para o pensamento medieval é saber onde inere a virtude, como qualidade de uma pessoa. Trata-se do sujeito da virtude. Ora, o sujeito da virtude são as potências ou faculdades da alma, porque toda operação procede da alma mediante alguma potência. Assim, as faculdades do intelecto, o concupiscível, o irascível e a vontade são os sujeitos da virtude: (1) o intelecto porque, como as demais potências, pode ser movido pela vontade, de modo que o intelecto, enquanto ordenado à vontade, pode ser sujeito da virtude em si: assim, o intelecto especulativo é sujeito da fé e o intelecto prático é sujeito da prudência. E porque a razão reta do que se deve praticar exige que o ser humano leve em conta os princípios dessa razão referentes a seu agir, isto é, os fins da ação, aos quais ele bem se adapta pela retidão da vontade; (2) o concupiscível e (3) o irascível operam corretamente se neles existir o hábito que os aperfeiçoa e leva a bem agir; (4) a vontade é sujeito de virtude, porque seu objeto é o bem racional.

Em geral, as virtudes distinguem-se em naturais, que se subdividem em intelectuais (dianoéticas) e éticas; e as sobrenaturais, que são as teologais. Distinguem-se três virtudes intelectuais especulativas, a saber: a sapiência, a ciência e o intelecto. A verdade conhecida por si mesma desempenha o papel de princípio e é percebida imediatamente pelo intelecto, e o hábito que aperfeiçoa a inteligência chama-se intelecto, o hábito dos princípios.

As virtudes éticas são identificadas com as virtudes cardeais, com uma distinção relativamente à prudência, que se enquadra tanto entre as virtudes intelectuais quanto entre as morais. Chamam-se cardeais aquelas virtudes supremas que são principais, tendo a natureza comum de outras virtudes que lhes são anexas, como se verá a seguir: "Chamam-se virtudes cardeais ou primordiais, aquelas que reivindicam de modo todo especial para elas o que pertence em geral às virtudes" (*S.Th.*, II-II, q. 123, a. 11 c). As virtudes cardeais são estas: prudência, justiça, fortaleza e temperança, sob as quais se agrupam muitas outras, como a seguir se verá.

A prudência é a virtude da razão reta relativamente ao agir, porque a prudência está para os atos humanos, consistentes no uso das potências e dos hábitos, como a arte está para o que se produz exteriormente. A prudência é virtude necessária ao bem viver, porque viver bem consiste em agir bem, o que implica tanto a natureza da ação como o modo pelo qual se age.

A justiça é a virtude cardeal que consiste na vontade constante de dar a cada um o que lhe pertence. É a virtude da relação com o outro: "Entre as demais virtudes, é próprio à justiça ordenar o homem no que diz respeito a outrem" (*S.Th.*, II-II, q. 57, a. 1 c).

A fortaleza é a virtude cardeal pela qual se modera o apetite irascível relativamente às ações difíceis de serem realizadas. A fortaleza protege a vontade para que ela não recue diante de um bem ou por medo de um mal. Portanto, a fortaleza proporciona uma adesão moral de enfrentamento do mal, como a morte, como também na busca perseverante do bem.

A temperança modera o concupiscível relativamente aos desejos físicos. Modera, sobretudo, o paladar e o tato, porque são faculdades atinentes ao princípio elementar da sobrevivência, como a nutrição e a percepção do perigo, que têm grande apelo natural. Essas virtudes cardeais, por serem principais, subdividem-se em muitas outras.

A distinção de cada virtude cardeal consoante o modo de divisão em partes potenciais, subjetivas e integrantes (*S.Th.* II-II, q. 47-170) permite conhecer detalhadamente as virtudes secundárias conexas às principais. A concepção comum de todo é mais simples do que a tomasiana. A divisão de um todo em partes tende àquela divisão do todo a que Tomás chama de todo integral:

> Como o todo é o que é divisível em partes, portanto, haverá três modos de totalidade segundo os três modos de divisão: 1. Um todo pode ser divisível em partes quantitativas; por exemplo, o todo de uma linha, de um corpo. 2. Um todo pode ser divisível em partes de razão ou de essência; por exemplo, o que é definido se divide segundo as partes da definição, o composto se divide em matéria e em forma. 3. Há ainda o todo potencial que se divide em partes virtuais (*S.Th.* I, q. 76, a. 8c).

Assim, para ele, existem três modos de dividir uma totalidade: 1) o todo universal divide-se em partes subjetivas: quando a forma do todo é encontrada totalmente, tanto quanto à sua essência como quanto à sua virtude em suas partes individuais; 2) o todo integral divide-se nas partes integrantes: quando a forma do todo não se encontra totalmente, nem quanto à sua essência nem quanto à sua virtude nas partes individuais, mas apenas na totalidade; 3) o todo potencial divide-se nas partes potenciais: quando a forma do todo é encontrada inteira nas partes individuais quanto à essência, mas não quanto à virtude.

Um exemplo relativo à última divisão. Como a prudência tem a razão como seu sujeito, as virtudes a ela relacionadas também são atinentes a atos do intelecto. À prudência unem-se, com partes potenciais, a eubulia, a sínese e a gnome, porque há três atos da razão relativos aos atos humanos: o primeiro é o ato de aconselhar; o segundo, o de julgar; o terceiro, o de mandar. Os dois primeiros correspondem aos atos do intelecto especulativo, enquanto o terceiro ato é próprio do intelecto prático, operativo. Na qualidade de virtudes secundárias, a eubulia aconselha retamente, a sínese e a gnome favorecem os atos judicativos.

Os outros dois modos de divisão, as partes subjetivas e as integrais, podem ser claramente compreendidos pelos quadros que se seguem e que correspondem ao tratado das virtudes na *Suma teológica* (II-II, q. 47-169).

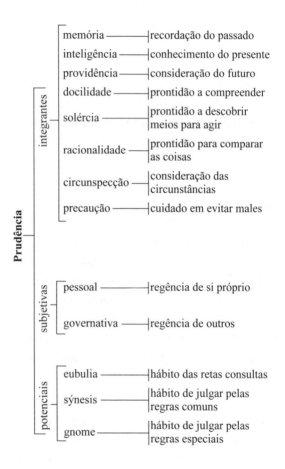

Justiça

- **integrantes**
  - fazer o bem ── dar o que é devido a cada um
  - evitar o mal ── evitar o dano de outrem

- **subjetivas**
  - distributiva ── regula os bens entre os membros da comunidade
  - comutativa ── regula as relações particulares

- **potenciais**
  - religião ── retribuição deficiente a Deus
  - piedade ── retribuição deficiente aos pais
  - respeito ── retribuição deficiente aos superiores
  - dulia ── presta honra a outrem
  - obediência ── dever de se submeter ao superior
  - gratidão ── reconhecimento de serviço recebido
  - veracidade ── exigência de se falar a verdade
  - punição ── inflição de pena justa
  - afabilidade ── tratar os outros com cortesia
  - liberalidade ── ordenação do gasto dos bens
  - equidade ── suprimento de lacunas na lei

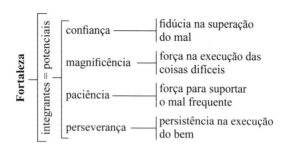

Fortaleza — integrantes = potenciais:
- confiança — fidúcia na superação do mal
- magnificência — força na execução das coisas difíceis
- paciência — força para suportar o mal frequente
- perseverança — persistência na execução do bem

Temperança

integrantes:
- honestidade — amor ao decoro
- vergonha — fuga do torpe

subjetivas:
- abstinência — moderação na comida
- comutativa — moderação na bebida
- castidade — moderação da sexualidade
- pudor — moderação na expressão externa da sexualidade

potenciais:
- continência — moderação do desejo
- humildade — moderação do desejo de glória
- mansidão — moderação da ira
- modéstia — moderação da concupiscência
- moderação — equilíbrio nas aparências

Oitava lição

A lei, o direito e a Cidade

A lei, o direito e a justiça são as bases da convivência humana na sociedade organizada sob o poder, isto é, a *civitas*, cidade, o que mais tarde se passou a chamar de Estado. Por conseguinte, compõem um conjunto teórico que se pode agrupar sob o conceito de filosofia política. As obras principais onde se encontram as teses políticas de Tomás são: o opúsculo *Do reino*, conhecido também como *O governo dos príncipes ao rei de Chipre*, 1267; o *Comentário à política de Aristóteles*, 1269-1272; a *Suma teológica* I-II, q. 90-97, 1271.

A lei define-se como "certa ordenação da razão para o bem comum, promulgada por aquele que tem o cuidado da comunidade" (*S.Th.* I-II, q. 90, a. 4 c). Há nessa definição quatro elementos fundamentais: a racionalidade da lei; sua finalidade, o bem comum; sua promulgação; e a autoridade de que se origina. Esses quatro elementos podem ser explicados por meio das quatro causas do ente.

A racionalidade da lei é sua causa formal e funda-se na própria função ordenadora da lei, isto é, em sua condição de direcionar o agir humano a seus fins, conquanto somente à razão compete ordenar. Essa ordenação é teleológica, isto é, serve a um fim, sua causa final, que é o bem comum, que significa o bem que todos buscam intrinsecamente, isto é, por natureza. A causa material da lei é sua promulgação: a lei só vale enquanto promulgada, isto é, tornada pública por quem tem competência para isso, o que se entende pela autoridade, a causa eficiente da lei.

O conceito de lei é análogo, por conseguinte, há vários tipos de lei, escritas e não-escritas. A lei não-escrita subdivide-se em eterna e natural: a primeira é o plano de Deus para os entes por Ele criados e se identifica com seu ser, por isso é eterna como Ele; a lei natural é aquela que Deus mesmo promulgou em toda a obra criada e pode ser conhecida pela inteligência humana. A lei eterna, por pertencer à essência do próprio Deus, não é totalmente conhecida, nem cognoscível e é nesse sentido que se distingue da lei natural. As leis escritas são as leis positivas, que se subdividem em lei humana e divina positiva: a lei humana é aquela promulgada pela própria autoridade humana competente, por exemplo, a autoridade civil; a lei divina é a lei revelada, por exemplo, os dez mandamentos.

Ao se observar o conjunto dessas leis, entende-se que todas as leis participam da lei eterna ou deveriam ser elaboradas em consonância com ela, consoante a dinâmica de que as leis humanas hão de ser formuladas como participação da lei natural, pois esta é, por natureza, participação da lei eterna: "a lei humana tem tanto razão de lei quanto é segundo a razão reta, e de acordo com isso é manifesto que deriva da lei eterna" (*S.Th.* I-II, q. 93, a. 3, ad 2).

Sobre o direito, que está em íntima relação com a lei, deve-se dizer o mesmo, isto é, que o direito é um modo de participar da lei eterna. Diz-se que a lei causa ou funda o direito, porque ela é a regra e a medida da justiça, e é por ela que se pode ter direitos. Trata-se aqui dos direitos subjetivos, pois o conjunto de normas, o Direito como saber, como ciência, é já o direito positivado pela lei. Para que essa fundação fique mais clara, pode-se fazer o seguinte esquema, o qual, em última instância indica a participação do direito na lei, ou o direito como causado pela lei:

lei eterna → lei natural → direito natural → lei positiva → direito positivo

Assim, o direito positivo é causado (ou participa) da lei positiva; esta é causada pelo direito natural, que, por sua vez, funda-se na lei natural; a lei natural é causada ou participa da lei eterna, que é o plano eterno de Deus para todo o universo.

A justiça reúne tanto as leis como o direito, e define-se, como visto na última lição, como a disposição firme e constante da vontade em dar a cada um o que é seu, *perpetua et constans voluntas, ius suum unicuique tribuens*. E, comumente falando, chama-se justo aquele que respeita o direito: *iustus dicitur quis ius custodit*. A justiça é aquela das quatro virtudes cardeais que ordena a relação de uma pessoa com outra. Por isso o objeto da justiça é o direito:

> O nome de justo, que caracteriza a retidão que convém à justiça, dá-se àquilo que a ação da justiça realiza, sem levar em conta a maneira de proceder de quem age. Nas outras virtudes, ao contrário, a retidão é determinada tão somente pela maneira de proceder de quem age. Eis por quê, de modo especial e acima das outras virtudes, o

objeto da justiça é determinado em si mesmo e é chamado justo. Tal é precisamente o direito. Toma-se, assim, manifesto que o direito é o objeto da justiça (*S.Th.* II-II, q. 57, a. 1 c).

Tomás esclarece nessa passagem que a peculiaridade da justiça é referir-se a outro, diferentemente das outras virtudes cardeais, que aperfeiçoam o próprio agente. E mostra assim que o objeto da justiça é o direito, que é aquilo que é reto.

A justiça pode se dividir de três modos, conforme se assinalou sobre a relação entre partes e todo na lição anterior. Assim, as partes integrantes da justiça são duas: dar o que é devido a cada um; não prejudicar o outro. As partes subjetivas são: justiça comutativa e justiça distributiva. Finalmente, a partes potenciais: religião, piedade, respeito, dulia, obediência, gratidão, veracidade, punição, afabilidade, liberalidade, equidade. Essas virtudes são tratadas na *Suma teológica* II-II q. 81-120. A equidade, contudo, merece especial atenção devido à relevância que teve ao longo da história da ética e do direito.

Equitas, equidade, que é a tradução latina do termo aristotélico ἐπιείκεια, epieíkeia, pertence ao gênero da justiça com uma certa superioridade, pois, pela equidade, podem-se corrigir as eventuais lacunas da lei. O juiz équo, a quem compete julgar, aproxima seu juízo ao espírito do legislador. Essa percepção aristotélica compõe-se perfeitamente com a noção de lei e de justiça tomasianas, quando entendidas sob a forma da participação. Efetivamente, a virtude da equidade aproxima o juiz do espírito do legislador da lei positiva que não previu determinado caso concreto, mas cuja intenção, se supõe, quisesse atingir a justiça, podendo ser corrigido pelo julgador que recorre ao direito natural e à lei natural. Tomás considera a equidade uma virtude fundamental para a aplicação da justiça:

> Quando se tratou das leis, foi dito que os atos humanos que as leis devem regular são particulares e contingentes, e podem variar ao infinito. Por isso, foi sempre impossível instituir uma regra legal que fosse absolutamente sem falha e abrangesse todos os casos [...]; o bom então é, deixando de lado a letra da lei, obedecer às exigências da justiça e do bem comum. É a isto que se ordena a epiqueia, que nós chamamos de equidade (*S.Th.*, II-II, q. 120, a. 1 c).

É em base ao direito e à justiça que a Cidade (o Estado, na linguagem moderna) se funda, porque é função da Cidade promover a vida virtuosa, pois isso interessa ao bem comum: "Portanto, é claro que aquele que fundou a cidade tirou dos homens aquilo que os tornava piores e lhes restituiu aquilo que os tornava melhores em termos de justiça e virtude" (*InPol*. I, c. 1, 228-235, tradução do autor).

A Cidade é a sociedade humana organizada politicamente, isto é, sob o poder de um governo. O termo usado por Tomás, para o que hoje se chama 'Estado', é *civitas*, correspondente à πόλις, pólis, de Aristóteles. Contudo, há que se observar que o termo *status*, literalmente, 'estado', não é totalmente ignorado por Tomás no seu sentido político. Efetivamente, o termo *status* já é usado na tradição latina relacionado à coisa pública desde Cícero (Nascimento, 1992, p. 11). Por conseguinte, ao se usar o termo 'estado' em sentido político, admite-se sinonímia com o *civitas* de Tomás.

A finalidade da Cidade é o bem comum político. O conceito de bem comum[7] político é um tópico fundamental da filosofia prática tomasiana. Se, por um lado, a moral diz o que o ser humano deve fazer para ser humano e, portanto, feliz, por outro, a política diz o que ele deve fa-

---

7. *Bonum commune* é o bem de um conjunto de pessoas, por isso ele não se reduz à vida política. Pode ser o bem de uma família, de uma comunidade religiosa, ou do homem enquanto tal, isto é, o bem supremo de todos os homens. Acrescenta-se aqui o qualificativo político para diferenciar esse bem comum dos outros aqui mencionados.

zer para ser cidadão, e ser cidadão é um componente imprescindível para a vida feliz. O fundamento disso é a natureza política do homem que não pode ser negada sem que se negue seu acesso à felicidade. Essa sociabilidade implica o conceito de bem comum, entendido como bem da comunidade. O bem comum não é a mera soma dos bens dos membros da sociedade singularmente considerados, mas o bem do todo.

Tomás ilustra o primado do bem comum com uma citação de Valério Máximo (20 d.C.), segundo o qual os antigos romanos "preferiam ser pobres em um império rico do que ricos em um império pobre" (*S.Th.* II-II, q. 47, a. 10, ad 2). Assim se entende que a riqueza, o lucro, a saúde, a cultura etc. são bens particulares a serem ordenados ao bem comum, da coletividade, para que, com a troca e a comunhão desses, se assegure o *bem viver* de todos. A comunhão dos bens pertence à essência mesma da sociedade organizada politicamente: "A cidade é uma comunidade perfeita: e [Aristóteles] prova isto ao dizer que, quando toda comunhão de todos os homens se ordenar a algo necessário à vida, haverá uma comunidade perfeita" (*InPolit.*, l. 1, l. 1, n. 23, tradução do autor).

Quanto às formas de governo, Tomás segue a ordem e a classificação aristotélica, acrescentando a elas alguns detalhes colhidos da tradição cristã, sobretudo de Agostinho. Partindo da premissa de que não há regime perfeito, a forma de governo é secundária. Pode-se admitir a monarquia, a aristocracia e a democracia. E até mesmo um 'governo misto':

> Donde a melhor ordenação dos príncipes numa cidade ou reino é aquela na qual um é posto como chefe com poder, o qual a todos preside; e sob o mesmo estão todos os que governam com poder; e assim tal principado pertence a todos, quer porque podem ser escolhidos dentre todos, quer porque também são escolhidos por todos. Tal é, com efeito, o melhor governo, bem combinado: de reino, enquanto um só preside; de aristocracia, enquanto muitos governam com poder; e de democracia, isto é, com o poder do povo, enquanto os príncipes podem ser eleitos dentre as pessoas do povo, e ao povo pertence a eleição dos príncipes (*S.Th.* I-II, q. 105, a. 1 c).

O importante é que o Estado assegure a justiça aos cidadãos. Assim, o juízo sobre o governo e o regime do Estado deve verificar: 1) se o povo leva uma vida virtuosa; 2) se se salvaguarda a paz; 3) se se garantem os bens materiais necessários.

A relação Igreja-Estado é a questão mais complexa da filosofia política da época e Tomás não ignora a distinção conflitiva entre a Cidade do homem e a Cidade de Deus da tradição agostinista, discussão que se tornará cada vez mais acalorada após sua morte, sobretudo no pontificado de Bonifácio VIII, 1294-1303, cuja bula *Unam Sanctam*, 1302, dividirá a Cristandade política e espiritualmente, provocando o Cisma do Ocidente. Bonifácio VIII propugnaria a submissão de todo poder temporal ao poder pontifício. Discípulos e opositores de Tomás tomarão parte no debate e obras importantíssimas de filosofia política surgirão nesse período, fundamentais para a compreensão da filosofia política moderna.

Tomás enfrentara a temática com a distinção do *bonum commune* e do *bonum supernaturale*, que permite a separação entre dois âmbitos de poder: o civil e o eclesiástico. Com essa distinção, Santo Tomás preserva o humanismo aristotélico, a cidade das virtudes, acrescentando-lhe, porém, a participação na graça, uma espécie de cidadania da santidade, ao mesmo tempo que deixa cada poder em seu domínio próprio. E, para que não se fique somente nos grandes princípios, aludiu-se que entre os bens que competem às duas instituições está a própria paz. Mas também aqui se deve falar de uma paz natural e uma paz sobrenatural, esta última é de competência religiosa.

Em outras palavras, tanto a Cidade como a Igreja são sociedades perfeitas, cada qual exerce seu poder próprio e tem a missão respectivamente natural e sobrenatural de levar o homem à felicidade. Enfim, nesse sentido, a concepção tomasiana não atribui ao papa a soberania sobre todo e qualquer poder temporal.

Nona lição

Deus em si e como princípio das coisas

A biografia de Tomás mostra que sua experiência de Deus precedeu (e se seguiu a) sua reflexão filosófica e teológica. E isso não pode ser posto em segundo plano sem sacrificar a compreensão de seu pensamento. Em sua compreensão, tanto a filosofia quanto a teologia estão aptas e devem construir um discurso sobre Deus, com metodologias distintas e complementares, como se viu anteriormente.

Os tratados filosóficos e teológicos acerca de Deus estão presentes nas principais obras de Tomás, desde o início de seu magistério. A *Suma teológica*, contudo, apresenta grande vantagem no conhecimento do método pelo qual o estudo sobre Deus pode ser tratado sob ambos os aspectos, o filosófico e o teológico. Esse método, consoante Vansteenkiste (1979, p. 191-192), consiste em apresentar Deus como princípio e fim de todas as coisas pela estrutura *exitus-reditus*, isto é, da processão (*exitus*) das criaturas a partir de Deus e do retorno (*reditus*) das criaturas a Deus. Esse parece ser o caminho da *Suma teológica*.

Contudo, Velde (2006) parece propor outra perspectiva, fundada nos sujeitos agentes: Deus; o ser humano; e o Cristo. Assim, por exemplo, no caso da *Suma*, o primeiro sujeito a ser tratado é Deus; seguido pelo ser humano; e, finalmente, Jesus Cristo como caminho sobrenatural da salvação do homem. Seja do modo que for, a contribuição das investigações de Velde não negam propriamente o esquema anterior pensado por Vansteenkiste. Dessa forma, este capítulo versa sobre o conhecimento de Deus em si e como princípio das coisas. Na lição 10, aborda-se o retorno a Deus sob perspectiva estritamente teológica, dado que o caminho ético, abordado em lições anteriores (6-8), constitui igualmente o retorno a Deus pela busca natural do bem e da justiça.

Como na *Suma*, esta lição trata, principalmente, de Deus em si, isto é, sua existência – as cinco vias e a chamada 'sexta via' – e seus atributos, como simplicidade, onisciência, onipresença.

Na segunda questão da primeira parte da *Suma*, Tomás discute o problema da existência de Deus. A questão ficou famosa especialmente por seu terceiro artigo, no qual ele formula suas cinco vias ou argumentos em favor da existência de Deus no âmbito filosófico, abstraída a revelação. Esse artigo é precedido por dois outros em que, ao se constatar que Deus não é evidente para a razão humana, propõe-se um caminho para demonstrar sua existência. Como se disse, ao se discutir o conhecimento científico na lição 3, Tomás admite dois modos de demonstração: a *quia* e a *propter quid*. A Deus só se poderia aplicar o primeiro modo, isto é, aquele que parte dos efeitos à causa, porquanto a demonstração *propter quid* supõe que se conheça a essência de Deus como ponto de partida para novas conclusões, o que é impossível para Tomás no terreno da filosofia.

A demonstração *quia* exige, portanto, um efeito que somente a existência de Deus poderia explicar. Se efeitos tais existirem, aplica-se o princípio de causalidade, que conduz a Deus como única causa possível. O grande mérito de sua demonstração é sua fundação no princípio de causalidade, critério de ciência fundamental para a epistemologia tomasiana. Todas as vias de Tomás são, portanto, *a posteriori*, isto é, partem da experiência sensível.

Tomás, no referido artigo 3, propõe cinco fatos ou efeitos no universo que não se explicam se não se considera Deus como sua causa. São eles: o movimento que existe na natureza; causas subordinadas umas às outras; a contingência dos entes; a perfeição múltipla das coisas; e, finalmente, as leis da natureza.

Assim, a primeira via admite, com base no conhecimento sensível, que há movimento no universo e aplica-lhe o princípio de causalidade formulado conforme o tema do movimento: tudo aquilo que se move é movido por outro. Ora, o fato do movimento que se percebe no universo há de ter sua explicação e não se o pode reduzir a um processo ao infinito, que seria contraditório. É, pois, necessário admitir, independentemente do número de moventes intermediários que causam determinado movimento, um primeiro movente, causador de todo o movimento. Este é justamente o Movente Imutável, ou o Motor Imóvel, nome filosófico para o que se conhece por Deus. Essa via, apresentada aqui por Tomás conforme seu estilo, baseia-se no argumento que Aristóteles desenvolveu no capítulo 6 do livro XII de sua *Metafísica* (2005, 1071b 3-1072a 2).

A segunda via tem como ponto de partida aquelas causas que, por sua vez, são efeito de outra causa. Podem ser chamadas de causas subordinadas e, assim, aplicar-lhes o princípio de causalidade, pois toda causa subordinada causa por meio de outra. Ora, como o processo ao infinito é contraditório, é necessário que se chegue a uma causa primeira que não seja efeito de nenhuma outra, e seja, ela mesma, a causa incausada. Essa causa incausada é o que se chama Deus. Essa via é igualmente aristotélica pelo uso da causalidade, com o adendo tomasiano de atribuir a Deus a causa eficiente primeira, alheia a Aristóteles, para quem Deus é causa final. Aqui está implícita a premissa da noção de criação, o ato de dar o ser, consoante a tradição judaico-cristã.

A terceira via parte de uma constatação inegável: há coisas que poderiam não ter existido, o que, na linguagem filosófica, chamam-se coisas contingentes. Trata-se daquilo que existe, mas poderia não ter existido. Não se trata de uma via do ente meramente possível, pois o possível não é. Ora, tudo aquilo que é contingente há de ser causado por algo que não o seja, isto é, há de ser causado por algo necessário. Ainda que se admitam coisas necessárias, estas têm uma necessidade subordinada e não própria, por exemplo, que o metal conduza eletricidade. Esse fato, embora necessário, é, por outro lado, contingente, pois a lei que o rege poderia não existir se o metal não existisse. Logo, é necessário chegar a um ser necessário que seja causa de todos os contingentes e de todos os necessários relativos. Esse ser necessário é o que se entende por Deus. Como a anterior, esta via é de origem eminentemente aristotélica, com a diferença que o conceito de causa eficiente é aplicado em Tomás e também a Deus. Embora de origem aristotélica em razão dos conceitos de contingência e necessidade, esta via é largamente influenciada pela interpretação de Avicena.

A quarta via é uma das mais valiosas dentro do conjunto da metafísica tomasiana, pois ela alia suas duas grandes fontes: a tradição neoplatônica, com sua teoria da participação; e o princípio da causalidade, de origem aristotélica. Assim, parte-se do fato de que existem coisas perfeitas no universo, mas com perfeições limitadas, ou seja, participadas. Aplica-se então o princípio de causalidade formulado consoante a teoria da participação: tudo aquilo que tem perfeição por participação é causado por aquilo que tem tal perfeição por essência. Daí segue-se a conclusão natural: há de existir um ser que seja causa de todas as perfeições participadas, que seja ele mesmo a causa dessas perfeições, ou seja, o ser sumamente perfeito, que se conhece pelo nome de Deus. Esta via é uma das mais próximas à tradição neoplatônica cristã, tão cara a Tomás, e aproxima-se muito daquela que, a seguir, se chama a sexta via.

A quinta via é talvez uma das mais populares, isto é, facilmente reconhecíveis em seu ponto de partida, o fato de que há ordem na natureza estabelecida pelas leis da finalidade que a regem. O argumento aqui lembra que toda lei, finalidade, supõe uma inteligência, alguém que a pense. Ora, as leis da natureza existem mesmo antes da existência do ser humano. Logo, existe uma inteligência que ordenou todo o universo consoante leis. Essa inteligência ordenadora é o que se conhece como Deus. Esta via teleológica é claramente aristotélica, inspirada ainda na *Metafísica*.

Uma sexta via poderia ser extraída de seus textos, uma via mais próxima à sua concepção do ser e se formularia de modo semelhante à quarta via. Há mais do que uma passagem nas obras de Tomás que desenvolve esse argumento, como esta:

> Tudo, porém, que cabe a algo, ou é causado pelos princípios de sua natureza, como a capacidade de rir no homem, ou advém de algum princípio extrínseco, como a luminosidade no ar pela influência do Sol. Ora, não pode ser que o próprio ser seja causado pela

> própria forma ou quididade da coisa,
> quero dizer, como causa eficiente;
> pois, assim, alguma coisa seria causa
> de si mesma, e alguma coisa levaria
> a si mesma a ser, o que é impossível
> [...]. É claro, portanto, que a inteligên-
> cia é forma e ser; e que tem o ser a par-
> tir do ente primeiro que é apenas ser;
> e este é a causa primeira que é Deus
> (*DeEnte* c. IV, 54-55).

O fato de que se parte é que existem entes e ente significa aquilo que tem o ser, isto é, participa do ato de ser e não é o ser mesmo. Ora, tudo que participa do ser e não é o ser mesmo é causado por aquilo que é o ser por essência, ou, como dirá Tomás na *Suma*, o Próprio Ser Subsistente (*Ipsum Esse Subsistens*), que é Deus e "o nome próprio de Deus".

O Próprio Ser Subsistente, Deus, é conhecido por nós a partir das conclusões tomadas das vias anteriormente apresentadas. Estas são verdades das quais se podem tirar outras verdades.

Embora não se possa conhecer sua essência, que transcende a natureza limitada do intelecto humano, pode-se, contudo, consoante o método adequado, conhecer algo sobre Deus. Assim, se por meio das seis vias, que seguem a demonstração *quia*, chega-se à conclusão de que Deus existe, que é imutável, é causa incausada, é necessário, perfeito, ordenador do universo e, sobretudo, o próprio ser, desses atributos se podem conhecer outros desde que se lhe aplique o método dedutivo (*propter quid*). Por exemplo, se pela primeira via se sabe que Deus é imutável, pode-se deduzir, daí, que é criador, pois o universo todo depende dele.

Contudo, o verdadeiro método que leva ao conhecimento de Deus pela razão natural é o que se entende por analogia. Eis o que se defende: "É segundo esta maneira que alguns termos são atribuídos a Deus e à criatura por analogia, nem equívoca nem univocamente. Só podemos nomear Deus a partir das criaturas" (*S.Th.* I, q. 13, a. 5 c).

Os conceitos que se predicam de seus sujeitos no mesmo sentido se chamam *unívocos*. Os conceitos *análogos*, em contrapartida, se predicam de seus sujeitos em sentido em parte idêntico e em parte distinto. As noções análogas expressam, pois, a mesma perfeição que se realiza de modo distinto em sujeitos e âmbitos diversos da realidade. Dois aspectos estão sempre presentes na analogia:

a) conveniência em uma perfeição
   (ser, bondade, beleza etc.);

b) diversidade no modo (muitos modos
   de ser, de bondade, de beleza etc.).

Assim, algo se predica com analogia de atribuição se se diz de um deles em plenitude e dos demais por participação, ou de modo derivado. O texto de Santo Tomás ilustra a analogia de atribuição:

> Quanto aos nomes atribuídos por analogia a vários, é necessário que sejam atribuídos com referência a um único; por isso esse deve figurar na definição de todos. E como a razão que o nome significa é a definição, como se diz no livro IV da *Metafísica*, é necessário que esse nome seja atribuído por primeiro àquele que figura na definição dos outros; e, em segundo lugar, aos outros, por ordem, segundo se aproximam mais ou menos do primeiro (*S.Th.* I, q. 13, a. 6 c).

Portanto, a analogia de atribuição supõe o *ad unum*: um sentido central e único, que organiza os demais significados, que está totalmente presente no *analogado principal* (que se diz *per prius*); e os *analogados secundários* (que se dizem *per posterius*).

A dificuldade que a analogia pretende resolver com relação ao conhecimento de Deus é sua inefabilidade (do latim *ineffabile*, indizível). Por isso, com o auxílio sobretudo do Pseudo-Dionísio (1996, c. III, p. 19-21), Tomás procura resolver a questão recorrendo a três modos analógicos para falar de Deus: 1) o positivo, momento em que se afirma algo de Deus por analogia, é a *via catafática*; 2) o negativo, em que se nega em Deus algo que se encontra nas criaturas, é a *via apofática*; finalmente 3) o superlativo, em que se atribui plenamente a perfeição que se encontra na criatura de modo limitado, é a *via eminencial*.

Na *Suma teológica*, em sua primeira parte, encontram-se os atributos divinos que se conhecem analogicamente: simplicidade; perfeição; bondade; infinitude; imutabilidade; eternidade; unidade; ciência; verdade, inteligência; vida; vontade; amor; justiça; misericórdia; providência; criação. Todos esses atributos são estudados pormenorizadamente na primeira parte da *Suma*. Contudo, dois merecem especial atenção, ainda que breve, a criação e a providência.

Deus é criador, porque criar é dar o ser, sem nada prévio, isto é, *ex nihilo*, do nada, expressão que indica que Deus não é modelador ou algo análogo de uma matéria preexistente, mas cria a própria causa material do mundo, a matéria-prima junto com todas as perfeições que a atualizam, conforme o que se viu na lição 4.

O atributo da providência divina envolve a discussão clássica sobre o mal, pois, por providência, entende-se o poder de Deus de levar todas as coisas ao fim por Ele querido. Sendo Deus o próprio bem, e não podendo querer o mal, parece difícil explicar a origem do mal.

O mal é a falta de um bem devido. Visto que todo ente, enquanto tal, é bom, o mal não é uma determinação ou qualidade positiva dele, mas a carência da bondade (perfeição) que deveria competir-lhe, de acordo com sua totalidade essencial. Sendo assim, propriamente falando, não existe o *mal metafísico*, seja um ente totalmente mau subsistente (o que seria contraditório), seja a ideia do limite do ente como um mal.

Ao contrário, distinguem-se duas espécies de mal: o moral e o físico. O *mal moral*, fruto da liberdade, é desproporção entre a ação e a natureza do homem, ou seja, é a transgressão da ordem que deveria ser seguida (por exemplo, o furto). O *mal físico* é a ausência de uma perfeição que deveria estar presente em determinado indivíduo por sua natureza, por exemplo, a cegueira no homem (ausência da visão, sendo a visão, neste caso, entendida como um bem devido). Portanto, o mal não tem realidade substancial: está no bem como em um sujeito, de modo que a negatividade do mal supõe sempre a positividade do ente em que está.

Para Tomás, muitas razões levam a explicar por que a Providência Divina não exclui totalmente o mal das coisas. Primeiramente, Deus não é a causa do mal, mas o permite, porque dele pode tirar um bem maior. E como o mal não existe em si, mas somente em alguma coisa, muitos bens não existiriam se todos os males fossem suprimidos:

> Por exemplo, não existiria a paciência dos justos sem a malignidade dos perseguidores; nem haveria lugar para a justiça punitiva se não existissem os delitos. E, nas coisas naturais, não haveria geração de um se não existisse a corrupção de outro. Logo, se a divina providência excluísse totalmente o mal do universo criado, seria preciso diminuir a quantidade de bens. Coisa que não deve ser feita, pois mais poderoso é o bem na bondade do que o mal na maldade. Portanto, a Divina Providência não deve suprimir totalmente o mal das coisas (*CG* III, c. 71).

Assim, a Providência Divina não cessa de oferecer ao ser humano os meios para que ele possa alcançar a superação do mal e aderir ao bem. Os meios naturais são o caminho ético, proposto até aqui pela Filosofia. Os meios sobrenaturais pertencem à Teologia, como se verá na lição a seguir.

Décima lição

Deus como fim: Teologia

A terceira parte da *Suma* inicia-se com um tratado sobre Jesus Cristo, o caminho para o aperfeiçoamento e a salvação do homem e de toda a obra da criação. Jesus Cristo é a referência da confissão de fé cristã, pois por ele se conhece Deus Pai e o Espírito Santo. Ao se confessar Jesus como Deus, abre-se o caminho para se conhecer a Trindade. O prólogo da terceira parte é, nesse sentido, bem elucidativo. Aí, Tomás apresenta as razões por que Jesus Cristo se encarnou: "mostrou-nos em si mesmo o caminho da verdade, através do qual possamos chegar pela ressurreição à bem-aventurança da vida imortal" (*S.Th.* III, pról.). Assim, Tomás relaciona três predicados que Jesus atribuiu-se a si: o caminho, a verdade e a vida. Jesus é a verdade: aqui a verdade tem dimensões sobrenaturais que só se pode esclarecer relativamente e a partir da própria vida de Jesus. O caminho enquanto tal é caminho da verdade revelada que torna real e eficaz a salvação e a felicidade humanas, que consistem na vida nova e que se consumam na vida eterna junto a Deus.

Em seguida, no mesmo prólogo, ele esboça o percurso da exposição dos dogmas da fé, partindo de Jesus Cristo: "em primeiro lugar, devemos considerar o próprio Salvador; em segundo lugar, seus sacramentos, pelos quais alcançamos a salvação; em terceiro lugar, o fim da vida imortal, à qual chegamos ressuscitando por ele" (*S.Th.* III, pról.).

Jesus Cristo tomou a condição humana. A encarnação de Cristo, explicada por meio dos princípios da filosofia, diz respeito ao mistério do mal e completa o entendimento filosófico da Providência Divina que transforma o mal em bem. O fim da encarnação é, pois, a libertação humana do pecado e dom de uma nova vida. Esse processo de libertação do pecado é assumido pelo próprio Jesus, por isso mesmo chamado de Salvador. Jesus assume a carne humana e carrega assim todos os pecados da humanidade para transformá-los em vida com sua ressurreição.

A encarnação de Jesus, o Verbo de Deus, é explicada em termos ontológicos pelas noções de pessoa (hipóstase) e natureza (essência). Jesus, cuja natureza é divina, assume a natureza humana em sua própria pessoa ou hipóstase –

esse ato é chamado de união hipostática, justamente porque união de duas naturezas na pessoa de Jesus e não atinge nem o Pai, nem o Espírito em suas pessoas.

Em Cristo, há o conhecimento divino, porque é Deus, e o conhecimento que compete ao homem. Como homem, Jesus tinha o conhecimento infuso, que Deus dá aos homens, e o adquirido, como exercício próprio do conhecimento humano: "Houve na alma de Cristo um certo *habitus* de ciência que podia aumentar por meio dessa abstração das espécies, ou seja, o intelecto agente, depois das primeiras espécies inteligíveis abstraídas, podia abstrair outras" (*S.Th.* III, q. 12, a. 2c). O mesmo se deve dizer de outra faculdade humana espiritual, a vontade. Nele há também duas vontades, uma divina e uma humana, porque a natureza humana de Cristo é perfeita e a natureza divina não sofreu nenhuma deficiência com sua encarnação: "Por isso é necessário dizer que o Filho de Deus, junto com a natureza humana, assumiu a vontade humana. [...] O Filho de Deus não sofreu nenhuma diminuição no que diz respeito à natureza divina" (*S.Th.* III, q. 18, a. 1c).

Encontra-se, na primeira parte da *Suma*, o mais perfeito e conciso tratado de Tomás sobre a concepção de Deus trino, que abrange as questões 27-43. Eis o que se lê na questão 32 sobre o conhecimento das pessoas divinas. A trindade das pessoas divinas não pode ser conhecida pela razão natural, porque, pela razão natural, conhece-se Deus por seus efeitos. Ademais, o poder criador de Deus pertence às três pessoas divinas, de modo que se o pode conhecer como criador do universo, por exemplo, pelas cinco vias, sem conhecer que é trino. O conhecimento da Trindade, portanto, provém da fé, põe-se além do alcance da mera filosofia.

Podem-se afirmar noções em Deus, porque se pode falar de Deus tanto por termos concretos como por termos abstratos, sem destruir a simplicidade divina: pois esse dúplice modo de expressão decorre da natureza do intelecto humano; porque, ademais, se pode conhecer a Deus não somente por nomes essenciais, mas também pelas propriedades das pessoas, de modo que se pode falar de cinco noções, ou das cinco razões próprias pelas quais se conhece uma pessoa divina.

Ao Pai, referem-se as noções de inascibilidade, de paternidade e de espiração comum (do Espírito com o Filho); o Filho é conhecido pela filiação, como seu modo de proceder, pela espiração comum, que um mesmo modo de conhecimento com o Pai; e o Espírito que procede de ambos é conhecido pela processão.

Ao tratar da experiência que a pessoa humana possa ter de Deus, Tomás recorre a bases aristotélicas. Os termos *experientia* e *experimentum* são usados por Tomás como tradução do aristotélico ἐμπειρία, empeiría (I, c. 1, 980b 26-27), conforme se pode coligir em seu *Comentário à Metafísica de Aristóteles* já em seus primeiros parágrafos. Ao comentar essa importante passagem do início da *Metafísica*, Tomás assume o que diz Aristóteles, a saber, que, no homem, a memória causa a experiência (*ex memoria in hominibus experimentum causatur)* e explica-o assim: "O modo da causalidade é o seguinte: que a experiência de uma coisa nasce das múltiplas memórias de uma coisa, onde tal experiência torna o homem capaz de agir com facilidade e retidão" (I, l. 1, n. 17). No *Comentário aos segundos analíticos*, Tomás reitera: "a experiência nada mais parece ser do que a apreensão de algo a partir de muitos retidos na memória" (II, 20).

Assim, uma pessoa experimenta algo de duas maneiras: 1) a partir dos sensíveis, em cuja experiência, isto é, repetição de percepções que se armazenam na memória, adquire o hábito do conhecimento; 2) de outra forma, quando alguém, por meio desse hábito de conhecimento, pode ver as coisas que conhece, como se voltasse à experiência e delas desfrutasse (*Super Sent.*, lib. 2 d. 23 q. 2 a. 2 ad 2). Garantidamente, a experiência tem seu fundamento na percepção sensível.

A experiência de Deus é uma experiência peculiar, porque Deus não é perceptível pelos sentidos, nem diretamente pela inteligência, mas somente por analogia, ou a partir de seus efeitos. Ainda no caso da revelação, suas verdades são conhecidas por meio de conceitos, analogias e metáforas, as quais não são propriamente a experiência de Deus. Seria possível, contudo, admitir uma experiência de Deus em Tomás? Caso isso seja possível, como explicá-la? Há uma passagem muito sugestiva na *Suma*, no artigo em que ele visa a responder como Deus seja comunicável aos outros, que diz o seguinte: "Por outro lado, o nome de Deus foi dado a partir de uma operação própria que experimentamos [*experimur*] constantemente, para significar a natureza divina" (*S.Th.* I, q. 13, a. 9, ad 3). Essa passagem é importante tanto porque surge aí o verbo experimentar (*experior*) como em razão do que ele diz ser uma operação própria (*ab operatione propria*) pela qual se atribui o termo Deus a Deus.

A que Tomás se refere ao falar de 'operação própria' que permite que se fale de Deus? Certamente não se trata de uma visão de Deus, de um conhecimento sensível, nem mesmo por abstração, pois esta supõe a percepção sensível:

> Ora, segundo a doutrina de Aristóteles, que está mais de acordo com a experiência, nosso intelecto possui em seu estado atual uma relação natural com a natureza das coisas materiais. Por isso, nada conhece a não ser voltando-se para as representações imaginárias, como dissemos. Quanto às substâncias imateriais que não caem primeira e diretamente sob os sentidos e a imaginação, é evidente que nosso intelecto não pode conhecê-las, segundo nosso modo de conhecer (*S.Th.* I, q. 88, a. 1 c).

A visão própria de Deus só é admitida por Tomás na eternidade, quando se poderá ver Deus face a face. Eliminada essa possibilidade, pergunta-se a respeito de uma experiência intelectual. Esta seria entendida no sentido 2 acima descrito, isto é, a reflexão sobre atos intelectuais e sobre objetos conhecidos pela inteligência. Nesse caso, seria a reflexão sobre Deus enquanto é conhecido por nós. E esse parece ser o encaminhamento correto da questão, com os adendos fundamentais que seguem.

Uma passagem sugestiva do artigo em que Tomás discute "se o primeiro homem via a Deus por essência" pode ajudar na distinção entre o conhecimento que se tem de Deus:

Deve-se dizer que existem duas espécies de intermediários. Em um, se vê ao mesmo tempo o meio e o que se vê graças a ele. Por exemplo, quando se vê um homem em um espelho, vê-se ao mesmo tempo o homem e o espelho. O outro intermediário é aquele por cujo conhecimento chegamos a algo desconhecido. Por exemplo, o meio termo de uma demonstração. Via-se a Deus sem a segunda espécie de intermediários, mas não sem a primeira. Com efeito, o primeiro homem não tinha necessidade de chegar ao conhecimento de Deus por uma demonstração tomada de algum efeito, como é necessário para nós; mas era simultaneamente nos efeitos, sobretudo nos efeitos inteligíveis, que, a seu modo, conhecia Deus (*S.Th.* I, q. 94, a. 1, ad 3).

Forma-se o conhecimento de Deus e se lhe aplica este nome para significar a experiência de seus efeitos na natureza, na inteligência, na alma, e assim por diante. Ou seja, atribui-se frequentemente a Deus algo que se experimenta no mundo sensível ou em nós mesmos. O repetir dessa atribuição, com base em fatos do cotidiano do sujeito, constitui a experiência intelectual de Deus, que seria melhor dizer espiritual. Embora o intelecto seja a faculdade pela qual se faz a atribuição a Deus dos predicados conhecidos, é importante notar que essa experiência, fundada na inteligência, é também sensível, emocional. Esse aspecto dá-se especialmente, ainda que não exclusivamente, na experiência religiosa. Para o que crê, o culto litúrgico, sacramento ou não, é uma experiência de Deus, dos efeitos sobrenaturais que Deus preparou para os que nele creem e dele se aproximam. Isso é mais determinante ainda na fé cristã, na qual a liturgia e o culto foram instituídos pelo próprio Cristo.

A experiência, no contexto cristão, especifica o que se disse até aqui: a experiência de Deus dá-se eminentemente em Jesus Cristo, mediador. A experiência histórica de Cristo que tiveram os homens de seu tempo e que com Ele conviveram reatualiza-se no tempo posterior na experiência da comunidade cristã, que é a Igreja.

Esses são, por conseguinte, os meios sobrenaturais que Deus concede, de modo ordinário, aos fiéis para que estes atinjam a felicidade eterna, que consiste na visão intelectual do próprio Deus: "a essência da bem-aventurança consiste em ato da inteligência" (*S.Th.* I-II, q. 3, a. 4 c). Essa economia da salvação dos homens é explicada teologicamente pelo modelo neoplatônico de *exitus-reditus*, isto é, saída e retorno a Deus, fim de toda a obra da Criação.

Conclusão

O percurso escolhido para as lições deste livro pretendeu expor o pensamento de Tomás de Aquino, sobretudo em seu aspecto filosófico. Contudo, porque seu filosofar está em contínuo diálogo com a fé, elementos da fé cristã foram aludidos numa lição ou outra e, de modo mais concentrado, compuseram a matéria da última lição. E não podia deixar de ser assim, se é verdade quando se diz que Tomás teologiza quando filosofa e filosofa quando teologiza. Esse ditado, que poderia levar alguém a indagar se um pensamento assim desenvolvido poderia prejudicar tanto o saber teológico quanto o filosófico, não foi assim interpretado nestas lições. Há uma filosofia em Tomás e há uma teologia. E, sobretudo, há um pensamento peculiar em que um saber ilumina o outro sem prejuízo de suas autonomias.

Embora tenha relacionado esses saberes com a biografia de seu autor, o percurso aqui escolhido seguiu uma exposição temática. As obras tomasianas que serviram de fonte para as distintas lições aqui explicadas compreenderam desde as obras iniciais, como *O ente e a essência*, até o complexo *Comentário ao Liber de Causis*, com a peculiaridade de que sua vida termina sem a finalização de sua obra-prima, a *Suma teológica*.

O percurso escolhido pretendeu, por meio de lições que podem se dizer de iniciação, esclarecer conceitos e temas que pudessem estimular no leitor a busca por aprofundamento na obra tomasiana, diretamente em seus textos, hoje largamente traduzidos no país. A empatia que a revisitação de seu pensamento exerceu sobre o autor destas lições não será menor nos leitores que, por generosidade e perspicácia naturais, transcendam o estilo, as escolhas e o caminho aqui seguidos, para percorrer, com o próprio Tomás, a *Suma teológica*, a *Suma contra os Gentios*, e as outras obras aqui citadas.

O que o percurso escolhido não fez, porque isso é tarefa de uma vida, talvez da vida do leitor, foi estabelecer o indispensável diálogo com o pensamento contemporâneo. Esse também não era o escopo destas lições, mas elas hão de inspirar alguns leitores, que leem Tomás a oito séculos de sua existência, a reconhecer as potencialidades de seu pensamento para o tempo presente. Que esta árdua tarefa possa ter impulso com pequenas intuições que este opúsculo eventualmente tenha despertado no leitor.

REFERÊNCIAS

ARISTÓTELES. *De anima*. Tradução de Maria Cecília Gomes dos Reis. 2. ed. São Paulo: Editora 34, 2017.

ARISTÓTELES. *Retórica*. Tradução e notas de Manuel Alexandre Júnior; Paulo Farmhouse Alberto; Abel do Nascimento Pena. 2. ed. Lisboa: Imprensa Nacional, Casa da Moeda, 2005.

BOÉCIO, S. Os Hebdomadários de Severino Boécio. *Synesis 3* (1), 2011, p. 99-104.

CHENU, M.-D. *Introduction à l'étude de Saint Thomas d'Aquin*. Paris: J. Vrin, 1984.

CHESTERTON, G. K. *Santo Tomás de Aquino*: biografia. Tradução de Carlos A. Nougué. Nova Friburgo: Co-Redentora, 2002.

DE FINANCE, J. *Être et agir dans la philosophie de Saint Thomas d'Aquin*. Rome: Presses de l'Université Gregorienne, 1965.

GARDEIL. A. Acte humain. *In*: VACANT, A.; MANGENOT, E. *Dictionnaire de Théologie Catholique*. Paris: Letouzey et Ané, 1908, I, col. 343-345.

FABRO, C. *Introduzione a San Tommaso*: la Metafísica Tomista e il Pensiero Moderno. Milão: Ares, 1997.

GILSON, E. *O tomismo*: introdução à filosofia de Santo Tomás de Aquino. Tradução de Juvenal Savian Filho. São Paulo: WMF Martins Fontes, 2024.

LOBATO, A. (org.). *Littera, sensus, sententia*: studi in onore del Prof. Clemens Vansteenskiste, OP. Milão: Massimo, 1991.

MARITAIN, J. *Le Docteur Angélique*. Rio de Janeiro: Atlântica, 1945.

MONDIN, B. *Dicionário Enciclopédico do Pensamento de Santo Tomás de Aquino*. São Paulo: Loyola, 2023.

NASCIMENTO, C. A. O comentário de Tomás de Aquino à política de Aristóteles e os inícios do uso do termo Estado para designar a forma de poder político. *Cadernos de Trabalho Cepame* I, 1-2, 1992, p. 5-15.

PATAR, B. *Dictionnaire des Philosophes Médiévaux*. Longueuil, Québec: Éditions Fides, 2000.

PORRO, P. *Tomás de Aquino: um perfil histórico-filosófico*. Tradução de Orlando S. Moreira. São Paulo: Loyola, 2014.

PRÜMMER, D. (org.). *Fontes Vitae S. Thomae Aquinatis*: notis historicis criticis illustrati. Toulouse: Bibliopolam, 1912.

PSEUDO-DIONÍSIO AREOPAGITA. *Teologia mística*. Tradução de Mário Santiago de Carvalho. Porto: Fundação Eng. António de Almeida, 1996.

SAVIAN, J.; NASCIMENTO, C. A. R. do. *Tomás de Aquino*: chaves de leitura. São Paulo: Paulinas, 2024.

TAYLOR, Ch. *Uma era secular*. Tradução de Nélio Schneider e Luíza Araújo. São Leopoldo: Unisinos, 2010.

TOMÁS DE AQUINO. *In Duodecim Libros Metaphysicorum Aristotelis Expositio*. Por Raymundo Spiazzi. Turim: Marietti, 1964.

TOMÁS DE AQUINO. *Quaestiones Disputatae De Potentia*, in: *Quaestiones Disputatae* II. Turim: Marietti, 1965.

TOMÁS DE AQUINO. *Opera Omnia: Sententia Libri Politicorum; Tabula Libri Ethicorum*. Roma: Leonina, 1971.

TOMÁS DE AQUINO. *Contre Averroès*. Introdução e tradução de Alain de Libera. Paris: Flammarion, 1994.

TOMÁS DE AQUINO. *Do Reino ou do Governo dos Príncipes ao Rei de Chipre*. In: TOMÁS DE AQUINO. *Escritos políticos*. Tradução de Francisco Benjamin de Souza Neto. Petrópolis: Vozes, 1997.

TOMÁS DE AQUINO. *Suma teológica*. Tradução de Carlos-Josaphat Pinto de Oliveira et alii. São Paulo: Loyola, 2002-2005.

TOMÁS DE AQUINO. *O ente e a essência*. Tradução de Carlos Arthur do Nascimento. 4. ed. Petrópolis: Vozes, 2008.

TOMÁS DE AQUINO. *Questões disputadas sobre a alma*. Tradução de Luiz Astorga. São Paulo: É Realizações, 2012.

TOMÁS DE AQUINO. "O comentário ao Liber de Causis de Santo Tomás de Aquino tradução do proêmio das proposições I, II, III, VI, XV, XXI, XXXI e XXXII". Tradução de Carlos Frederico Silveira. *Synesis*, 4 (2), 2012b, p. 186-220.

TOMÁS DE AQUINO. *As virtudes* . Tradução de Paulo Faitanin e Bernardo Veiga. Campinas: Ecclesiae, 2013.

TOMÁS DE AQUINO. *Suma contra os Gentios*. Vol. I-IV. Tradução de Joaquim Pereira e Maurílio Camello. São Paulo: Loyola, 2015-2016.

TOMÁS DE AQUINO. *Comentário à Metafísica de Aristóteles I-V*. Volume 1. Tradução de Paulo Faitanin e Bernardo Veiga. Campinas: Vide, 2016.

TOMÁS DE AQUINO. *Comentário aos segundos analíticos*. Tradução de Anselmo Tadeu Ferreira. Campinas: Unicamp, 2021.

TOMÁS DE AQUINO. *Comentário ao De hebdomadibus de Boécio*. Tradução e Introdução de Ivo Fernando da Costa. Três Lagoas: Contra Errores, 2023.

TORRELL, J.-P. *Iniciação ao pensamento de Santo Tomás de Aquino*. São Paulo: Loyola, 2004.

VANSTEENKISTE, C. Il Metodo di San Tommaso. *In*: LIVI, A. et al. *Le Ragioni del Tomismo*. Milan: Ares, 1979. p. 161-196.

VELDE, R. A. te. *Aquinas on God*: the 'divine science' of the *Summa Theologiae*. Bodmin, Cornwall: Ashgate, 2006.

WEISHEIPL, J. A. *Tommaso d'Aquino: vita, pensiero, opere*. Milão: Jaca Book, 1994.

Para ver outras obras da coleção
10 Lições
acesse
livrariavozes.com.br/colecoes/10-licoes

Conecte-se conosco:

f facebook.com/editoravozes

◎ @editoravozes

𝕏 @editora_vozes

▶ youtube.com/editoravozes

☎ +55 24 2233-9033

www.vozes.com.br

Conheça nossas lojas:

www.livrariavozes.com.br

Belo Horizonte – Brasília – Campinas – Cuiabá – Curitiba
Fortaleza – Juiz de Fora – Petrópolis – Recife – São Paulo

EDITORA VOZES LTDA.
Rua Frei Luís, 100 – Centro – Cep 25689-900 – Petrópolis, RJ
Tel.: (24) 2233-9000 – E-mail: vendas@vozes.com.br